Zur Geschichte

der

Vermögenssteuern

Von

Dr. phil. Bruno Moll

Leipzig
Verlag von Duncker & Humblot
1911

Altenburg
Piererssche Hofbuchdruckerei
Stephan Geibel & Co.

Inhaltsverzeichnis.

*

Der Vermögenssteuerbegriff.

Vergeblich suchen wir in den modernen Lehrbüchern der Finanzwissenschaft nach einer Definition des Begriffs Vermögenssteuer. Cohn, Eheberg, von Heckel, Wagner geben keine Erklärung, sie scheinen vielmehr bei ihren Erörterungen über »nominelle und reelle«, »allgemeine« Vermögenssteuer usw. einen obersten Begriff stillschweigend vorauszusetzen. Der Laie aber denkt bei Erwähnung des Wortes Vermögenssteuer wohl meistens an unsere preußischen, sächsischen und anderen Ergänzungssteuern, bei denen die im Eigentum einer Person befindlichen wirtschaftlichen Güter mit gewissen Ausnahmen auf den einheitlichen Geldwertausdruck gebracht werden und dann von der Summe unter gewissen Abzügen ein bestimmter Promillesatz als Steuer erhoben wird. Indessen lehrt uns die Geschichte, daß die Vermögenssteuern verschiedener Zeitalter nicht immer von derselben, modernen Konstruktion sind. Man spricht schlechthin von den französischen und englischen »Vermögenssteuern« des Mittelalters, von den mittelalterlichen Vermögenssteuern in den Städten und Territorien des Deutschen Reichs, von den Vermögenssteuern der Schweiz und der amerikanischen Einzelstaaten in neuerer Zeit — dieser Sprachgebrauch ist jedoch nur dann zulässig, wenn man das Wort »Vermögenssteuer« in der allgemeinen Bedeutung eines Grundbegriffes faßt, keineswegs aber etwa in dem erörterten modernen Sinne. Wie verschieden die Strukturen solcher Steuern sind, das ist dem Kenner der Finanzgeschichte heute ja geläufig. Indessen fehlt immer noch eine systematische Untersuchung, die die Grundbegriffe der einzelnen Steuern scheidet. In den Monographien der Steuergeschichte aber herrscht Unklarheit der Begriffe. Obgleich schon vor Jahrzehnten einzelne Forscher das eigentliche Problem erkannt haben, sind sie doch immer noch zu wenig beachtet worden.

Riecke stellt 1879 fest[1], daß die altwürttembergischen direkten Steuern des 15. und 16. Jahrhunderts sich nicht leicht in die jetzt geläufigen finanzpolitischen Kategorien der verschiedenen Steuerarten einbegreifen lassen.

Schanz sagt 1890[2], die Steuern der Schweiz seien eigentlich keine konsequenten Vermögenssteuern, sondern allmählich dringe der Einkommensgedanke immer tiefer hinein.

Vor allem aber hat Bücher 1894[3] gezeigt, wie im Ausgange des Mittelalters eigenartige Steuern bestanden, die sich in die modernen volkswirtschaftlichen Kategorien nicht hineinzwängen lassen. Er hat darauf hingewiesen, daß die Begriffe »Vermögen« und »Einkommen« gar nicht scharf voneinander geschieden waren. Er hat die Theorie aufgestellt, das Mittelalter habe überall nur »den Wert des Ertrages geschätzt, in welchem die Bedeutung eines Vermögensobjektes konkret in die Erscheinung trat,« dagegen sei die Ableitung des Ertragswertes eines Objektes aus dem Ertrage der Zeit fremd gewesen.

Es ist der Zweck dieser Arbeit, die Wandlungen, die der Vermögenssteuerbegriff im Mittelalter und in der neueren Zeit durchgemacht hat, kritisch zu verfolgen. Sie möchte dazu beitragen, daß die Ergebnisse der Steuergeschichte, auf die wir unsere Darstellung gründen wollen, etwas schärfer unterschieden werden, damit man sich nicht mehr so oft der genaueren Einsicht zum Trotz mit der allgemeinsten Bezeichnung »Vermögenssteuer« begnüge, bei der es unbestimmt gelassen

[1] Württembergische Jahrbücher für Statistik und Landeskunde S. 82.
[2] Die Steuern der Schweiz, I S 62.
[3] Zwei mittelalterliche Steuerordnungen. Festschrift zum Historikertage.

wird, ob es sich um Kopfsteuern, um Immobiliarsteuern oder um Steuern handelt, die Mobilien und Immobilien in denselben oder verschiedenen Formen erfassen. Wir gehen also davon aus, daß der Vermögenssteuerbegriff nicht absolut ist, nicht ein für allemal feststeht, sondern wir wollen seinen konkreten Inhalt erst jedesmal aus den Steuergesetzen ableiten. Selbstverständlich müssen wir erst die Form suchen, die diesem Inhalt adäquat ist. Welches kann nun diese Form sein? Durch den bloßen Namen »Vermögenssteuer« ist sie nicht gegeben; dann müßten wir ja alle historischen Steuerordnungen weglassen, die sich zufällig nicht selbst so nennen. Oder ist es der Name »Vermögenssteuer« in der heutigen Finanzwissenschaft? Wir wollen doch aber gerade erst vorurteilslos untersuchen, welche Steuern von derselben, welche von verschiedener innerer Struktur sind, und uns nicht an hergebrachte Begriffe binden. Ist etwa die Reduzierung der Gütersumme auf einen einheitlichen Geldwertausdruck das Kriterium der Gattung »Vermögenssteuer«? Dann müßte z. B. die von Bücher besprochene Frankfurter Steuerordnung von 1475 ausscheiden, obwohl sie manche innere Ähnlichkeit mit den zurückbleibenden Steuern hat. Oder kommt es bei Vermögenssteuern auf die wirkliche Absorbierung von Vermögensteilen an? Dann wäre die nominelle Vermögenssteuer, gerade die häufiger vorkommende Art, auszuscheiden. Alle diese Kriterien treffen nicht das Wesen der Sache. Gewiß, wir könnten eines zum obersten Unterscheidungsgrund erheben, aber das hieße nur den Namen ändern und Gebilde, die innere Ähnlichkeit miteinander haben, künstlich trennen. Den Beweis hierfür kann freilich erst die Untersuchung selbst erbringen. Bleiben wir nun einmal beim ursprünglichen Wortsinne von »Vermögen«. Er ist: vermögen, können, Kraft, Macht oder nach Sanders Wörterbuch: »das Können und imstande sein, die einem Wesen eigene Kraft, wodurch es ihm möglich wird, etwas zu tun und zu wirken«. Auf das Wirtschaftsleben angewandt, heißt es speziell: Die ganze wirtschaftliche Macht einer Persönlichkeit oder, wie man heute gern sagt, die »Leistungsfähigkeit« [1]. Nehmen wir nun einmal an, es habe gewissen Gesetzgebern bewußt oder unbewußt vorgeschwebt, diese ganze wirtschaftliche Macht einer Person durch eine Steuer zu erfassen [2]. Dann haben wir den obersten Begriff aller Vermögens- und Einkommensbesteuerung. Dies muß befremden; denn wir suchen ja nur einen obersten Begriff der Vermögensbesteuerung. Aber bleiben wir trotzdem zunächst einmal bei diesem Begriff. Wie haben nun die Gesetzgeber ihre Absicht zu verwirkllchen gesucht? In mannigfacher Art! Bald haben sie nur den Grundbesitz, bald auch die bewegliche

---

[1] Man vergleiche über diesen Begriff: Adolph Wagner, Finanzwissenschaft I, S. 444: »Die wirtschaftliche Leistungsfähigkeit einer Person liegt in zwei Reihen von Momenten, solchen, welche den Erwerb und Besitz von Sachgütern, und solchen, welche die Verwendung dieser Güter zu eigener oder anderen pflichtmäßig zu ermöglichender Bedürfnisbefriedigung betreffen« usf.

[2] Wir sind uns bewußt, daß dies eine willkürliche Voraussetzung zu sein scheint, die wir aber aus dem Gang der Darstellung zu rechtfertigen hoffen. Nur die Geschichte, nicht Abstraktion, ist in Wirklichkeit unser Ausgangspunkt gewesen. Wir glauben, daß unser Grundbegriff für das letzte Jahrtausend angenommen werden kann, ohne ihn zu einer »rein-ökonomischen Kategorie« stempeln zu wollen. Wenn der benutzte Begriff der »Leistungsfähigkeit« nicht zu den scharfen Begriffen der Nationalökonomie gehört, so schließt das nicht aus, daß er in der obigen Verbindung als heuristisches Prinzip hier gute Dienste leistet. Keineswegs wollen wir sagen, daß ideales Streben nach Gleichmäßigkeit, Verhältnismäßigkeit oder Gerechtigkeit die Gesetzgeber geleitet habe; wie weit das nicht der Fall war, wie oft reale Machtverhältnisse, Egoismus der herrschenden Klassen und Konzessionen des Augenblicks entschieden haben, das lesen wir in jeder steuergeschichtlichen Abhandlung. Unser Grundbegriff soll kein psychologischer Versuch sein, sondern ein heuristisches Prinzip zur Begrenzung unserer Materie. Man werfe uns deshalb ruhig bewußte Isolierung vor: Nicht auf eine steuergeschichtliche Darstellung im allgemeinen, sondern auf eine Kritik der Steuerbegriffe kommt es uns an, die allerdings eine solche geschichtliche Darstellung, und zwar aus einem besonderen Gesichtspunkte nötig macht. Wer aber unsere Voraussetzung nicht zugestehen will, der prüfe gleichwohl unsere Kritik der Steuerbegriffe. — Endlich verkennen wir nicht die von Wagner betonte Abhängigkeit der Steuerentwicklung von den verschiedensten allgemeinen Faktoren; wenn wir uns gleichwohl hier fast ausschließlich auf die Verfolgung der wirtschaftsgeschichtlichen Faktoren beschränken, so geschieht das nur, weil unsere Aufgabe sonst keine Grenze hätte.

Habe besteuert, zuzeiten den Kapitalwert der Objekte, dann wieder ihren Ertrag als Grundlage genommen. Alle diese verschiedenen Modi bilden den konkreten Inhalt des besprochenen Begriffes [1]: Erfassung der Leistungsfähigkeit durch eine Steuer. Freilich werden wir nicht umhin können, wenn wir dieselbe konkrete Erscheinung mehrfach beobachten, zu neuen Abstraktionen zu schreiten und auch jene konkreten Inhalte wieder zu Begriffen zu erheben, die wir zum Unterschied von dem allgemeinsten Grundbegriffe historische Begriffe nennen wollen.

Man ist nun gewöhnt, heute Vermögenssteuern und Einkommensteuern als Gegensätze aufzufassen. Auch suchten wir ja nur nach einem obersten Vermögensbegriff. Es mußte daher befremden, daß der von uns angenommene Grundbegriff den Einkommensgedanken mit enthalten soll. Allein die Geschichte zwingt zu dieser Einsicht. Die Entwicklung der Begriffe ist nicht zu trennen [2]. Wir behaupten: Ein allgemeinster Vermögenssteuerbegriff, der die speziellen Begriffe der historischen Steuergesetze mit Ausschließung aller Einkommensteuerelemente enthielte, ist ohne Willkür nicht zu finden. Vermögens- und Einkommensteuerbegriff entspringen derselben Wurzel, dem Begriff des wirtschaftlichen Könnens.

Indem wir die Geschichte der direkten Steuern verfolgen, die die ganze wirtschaftliche Leistungsfähigkeit erfassen wollen, müssen wir uns aus äußeren Gründen auf ein bestimmtes Feld beschränken. Wir wollen nur einige Hauptkulturländer in den Kreis unserer Betrachtung ziehen. Dieser Band soll die deutschen Territorien und Städte im Mittelalter behandeln. Eine außerordent-

---

[1] Wir gebrauchen den Ausdruck »konkreter Inhalt« hier nur der Anschaulichkeit zu Liebe. Wer sich etwa streng an die Stammlersche Sozialphilosophie hält, den könnte die Anwendung des Ausdrucks Inhalt auf gesetzliche Regeln — denn um solche handelt es sich hier — sonst befremden. Indessen konnten wir keinen besseren Ausdruck finden.

[2] Bücher, Festschrift 1894, S. 146—149.

lich reiche monographische Literatur über Steuergeschichte ist vorhanden. Zum Teil enthält diese Literatur Ansätze einer Kritik, zum größeren Teil aber fehlt eine solche vollständig. Unsere häufige Polemik gegen einzelne Angaben und Anschauungen, die auch in grundlegenden Werken der Steuergeschichte und Finanzwissenschaft enthalten sind, kann im einzelnen oft kleinlich erscheinen; sie will und kann selbstverständlich nicht den Wert jener Werke herabsetzen, ist jedoch für die Durchführung unseres Grundgedankens unentbehrlich.

Als erste Ausgangspunkte für die Literatur dienten uns:

1) Stammhammer, Bibliographie der Finanzwissenschaft 1903, besonders unter den Stichworten Finanzen, Finanzgeschichte, Steuern, Steuergeschichte.
2) Die jährlichen Bibliographien des Finanzarchivs.
3) Adolph Wagner, Finanzwissenschaft III, 1889 (2. Auflage 1910, I. Buch: Steuergeschichte vom Altertum bis zur Gegenwart),
4) Handwörterbuch der Staatswissenschaften: Aus der III. Auflage 1908/1909: Die Artikel: Bede, Finanzen im Mittelalter, Finanzen in neuerer Zeit; aus der II. Auflage: Grundsteuer in älterer Zeit (1900) und Vermögenssteuer (1901).
5) Dahlmann-Waitz, Quellenkunde der deutschen Geschichte, III. Auflage 1906, herausgegeben von Brandenburg.

Erster Teil.

Die Beden auf dem platten Lande der deutschen Territorien bis zum Ende des 14. Jahrhunderts.

Literatur.

Nicht aufgeführt sind Schriften, die zwar ihrem Titel nach in Frage kämen, aber nichts über unseren speziellen Gegenstand enthalten, so besonders die anderswo oft zitierten finanzgeschichtlichen Werke von Hüllmann u. a., ferner allgemein rechtsgeschichtliche Werke; endlich solche, die sich nur auf eine spätere Zeit beziehen, besonders agrar-historische Schriften. —

Urkundensammlungen und allgemeine Werke der Finanzwissenschaft und Nationalökonomie sind nur bei den einzelnen Zitaten angegeben, die ihnen entnommen sind.

I. Allgemeinere Schriften.

Von Below, Artikel »Bede« und »Grundsteuer in älterer Zeit« im Handwörterbuch der Staatswissenschaften, 3. Aufl. 1906 und 2. Aufl. 1900.

Gräser, Die Steuernatur des Geschosses. Eisleben 1853.

H. K. Lang, Historische Entwickelung der teutschen Steuerverfassungen. Berlin 1793.

G. L. von Maurer, Geschichte der Fronhöfe, der Bauernhöfe und der Hofverfassung in Deutschland. 1862—63.

J. B. Mayer, Versuch einer Abhandlung über Steuern und Abgaben im allgemeinen und dann vorzüglich im Hochstifte Bamberg. Bamberg 1795.

Zeumer, Die deutschen Städtesteuern. Staats- und sozialwissenschaftliche Forschungen 1878.

II. Spezielle Werke.

Bayern. Ludwig Hoffmann, Geschichte der direkten Steuern in Bayern vom Ende des 13. bis zum Beginn des 19. Jahrhunderts. Staats- und sozialwissenschaftliche Forschungen 1883.

— E. Baasch, Die Steuer im Herzogtum Bayern bis zum ersten landständischen Freiheitsbrief (1311). Marburger Dissertation 1888.

Brandenburg. Kotelmann, Die Finanzen des Kurfürsten Albrecht Achilles Zeitschrift für preußische Geschichte und Landeskunde 1866.

Brandenburg. Merklinghaus, Die Bedeverfassung der Mark Brandenburg bis zum 14. Jahrhundert. Forschungen zur brandenburgischen und preußischen Geschichte 1895.

— G. W. von Raumer, Die Steuerverfassung der Mark Brandenburg zur Zeit Kurfürst Joachims II. Märkische Forschungen 1847.

— A. Zimmermann, Versuch einer historischen Entwicklung der märkischen Städteverfassungen 1837.

Cleve-Mark. E. Niepmann, Die ordentlichen direkten Staatssteuern in Cleve und Mark bis zum Ausgang des Mittelalters. Münstersche Dissertation 1891.

Geldern. Gustav Müller, Die Landeshoheit in Geldern bis zur Mitte des 14. Jahrhunderts. Marburger Dissertation 1889.

— H. Plönes, Die direkten Staatssteuern unter den Grafen und Herzögen von Geldern. Münstersche Dissertation 1909.

Holstein. Hermann Reuter, Die ordentliche Bede der Grafschaft Holstein bis zur Mitte des 14. Jahrhunderts. Kieler Dissertation 1905.

Hoya. A. Eggers, Das Steuerwesen der Grafschaft Hoya. Marburger Dissertation 1899.

Jülich. Schöningh, Der Einfluß der Gerichtsherrschaft auf die Gestaltung der ländlichen Verhältnisse in den niederrheinischen Territorien Jülich und Köln im 14. und 15. Jahrhundert. Leipziger Dissertation 1905.

Jülich-Berg. von Below, Geschichte der direkten Staatssteuern in Jülich und Berg bis zum Geldrischen Erbfolgekriege. Zeitschrift des bergischen Geschichtsvereins, Bd. 26/29. Düsseldorf und Elberfeld 1890—1893.

Köln (Erzstift), Schöningh, siehe unter Jülich.

Konstanz (Bistum). R. Thommen, Eine bischöfliche Steuer in der Diözese Konstanz. Festgabe für M. Büdinger, Innsbruck 1898.

Lüneburg. H. Sonnenkalb, Die Steuern im Fürstentum Lüneburg während des Mittelalters. Kieler Dissertation 1908.

Mecklenburg. Brennecke, Die ordentlichen Staatssteuern in Mecklenburg bis zum 14. Jahrhundert. Marburger Dissertation 1900.

— Techen, Die Bede bis zum Jahre 1385. Jahrbücher des Vereins für Mecklenburgische Geschichte und Altertumskunde 1902.

Münster (Bistum). J. Metzen, Die ordentlichen direkten Staatssteuern des Mittelalters im Fürstbistum Münster. Zeitschrift für vaterländische Geschichte und Altertumskunde (Verein f. Gesch. und Altertumskunde Westfalens). Münster 1895.

Österreich (Herzogtum). Dopsch, Steuerpflicht und Immunität im Herzogtum Österreich. Zeitschrift der Savigny-Stiftung, Bd. 26.

Pommern und Rügen. F. von Bilow, Geschichtliche Entwicklung der Abgabenverhältnisse in Pommern und Rügen. Greifswald 1843.

Sachsen. J. Falke, Bede, Zise und Ungeld im Kurfürstentum Sachsen bis 1485. Mitteilungen des sächsischen Vereins für Erforschung vaterländischer Geschichtsdenkmäler 1869.

— J. Falke, Die Steuerbewilligungen der Landstände im Kurfürstentum Sachsen bis zum Anfange des 17. Jahrhunderts. Zeitschrift für die gesamte Staatswissenschaft 1874 und 1875.

Die Gebiete zwischen Saale und Elbe. E. O. Schulze, Die Kolonisierung und Germanisierung der Gebiete zwischen Saale und Elbe. Leipzig 1896.

Salzburg (Erzstift). L. Bittner, Die Geschichte der Staatssteuern im Erzstifte Salzburg bis zur Aufhebung der Landschaft. Archiv für österr. Geschichtsforschung, Bd. 92, 1903.

Steiermark. Muchar, Geschichte des Herzogtums Steiermark. Grätz 1844—74.

— Frhr. von Mensi, Geschichte der direkten Steuern in Steiermark I. Forsch. zur Verfassungs- und Verwaltungsgeschichte der Steiermark 1910.

Tirol. Kogler, Das landesfürstliche Steuerwesen in Tirol bis zum Ausgang des Mittelalters. Archiv für österr. Geschichtsforschung, Bd. 90, 1901.

Trier. H. Weis, Die ordentlichen direkten Staatssteuern von Kurtrier im Mittelalter. Münstersche Dissertation 1893.

Österreichische Länder im allgemeinen. D'Elvert, Zur österreichischen Finanzgeschichte. 25. Band der historisch-statistischen Sektion der mährisch-schlesischen Gesellschaft. Brünn 1881.

— Fürst Lichnowsky, Geschichte des Hauses Habsburg. Wien 1836—44.

Vorbemerkung.

Der Gegenstand dieser Untersuchung, der Steuerbegriff, wird in den Monographien meist durch die Phrasen »Objekt der Steuer«, »Art und Verteilung der Steuer« umschrieben. Auf die anderen Seiten der Steuergeschichte gehe ich nur ein, so weit sie zum Verständnis jenes einen Gegenstandes nötig sind. Die wichtigen Fragen der Zahlungsweise, der Erhebung und Verwaltung der Steuer übergehe ich z. B. ganz. Man könnte mir entgegenhalten, die Behandlung dieser Punkte sei zum Verständnis unseres Gegenstandes nötig. Allein es ist leicht zu zeigen, daß dann überhaupt keine Grenze zu finden ist. Mit demselben Rechte könnte man auch die Erörterung vieler allgemein finanz-historischer und rechtsgeschichtlicher Fragen verlangen.

Was nun das Material betrifft, so habe ich mich in diesem Teile im wesentlichen damit begnügt, den in den Monographien und allgemeinen Werken enthaltenen Stoff zu untersuchen und insbesondere bei allen wichtigeren Fragen die von den Autoren angeführten Urkunden selbst zu Rate zu ziehen. (Das letztere ist auch da vielfach der Fall gewesen, wo ich nur jene Autoren zitiere.) Die meisten Schriften über die mittelalterlichen Beden sind Untersuchungen aus neuerer und neuester Zeit, welche die wichtigsten der in Frage kommenden Urkunden wörtlich anführen und daher in ihrer Gesamtheit ein reiches Material enthalten. Diese Tatsache wie der geplante Umfang der Arbeit und vor allem die Größe des in diesem Teile zu behandelnden räumlichen Gebietes soll es erklären, wenn ich mich nicht selbständig nach neuem Material umgesehen habe; eine bessere Rechtfertigung wäre es, wenn es mir gelungen sein sollte, aus dem vorhandenen Material brauchbare allgemeinere Schlüsse zu ziehen.

Endlich möchte ich für mich in Anspruch nehmen, daß durch das Studium der zahlreichen Steuerordnungen auch der anderen Kulturländer und späterer Zeiten — bei größter Vorsicht in der Anwendung der vergleichenden Methode — gewisse allgemeine Erkenntnisse von großer innerer Wahrscheinlichkeit sich mir aufdrängten, die manche Einzelheit erklären können, welche sonst dunkel bleibt. Man könnte hier geradezu von der Möglichkeit einer Psychologie der Steuergeschichte reden.

Quellen für den beschreibenden Teil dieser Darstellung sind die im Literaturverzeichnis aufgezählten Monographien. Diese Werke sind überall dort anzusprechen, wo nur der Name eines Territoriums genannt ist, sonst aber keine besonderen Literaturangaben gemacht sind. Die endlose Wiederholung derselben Angaben glaubt der Verfasser um so eher vermeiden zu dürfen, als z. B. bei der Schilderung der Umlage der Steuer nach Hufen, Morgen usw. in der Regel nicht bloß eine einzelne Stelle in der Monographie, etwa das Résumé des Autors es ist, worauf die Darstellung sich gründet, sondern eine ganze Reihe verstreut zitierter Urkunden.

Einleitung zum ersten Teil.

In den Territorialstaaten des Mittelalters wurde von seiten der Landesherren eine Abgabe erhoben, die unter den verschiedensten Namen vorkommt. Der Ausdruck »Bede« ist unter den deutschen Bezeichnungen wohl die häufigste. Die Entstehung dieser Abgabe wie ihr juristischer Charakter waren und sind Gegenstände wissenschaftlichen Streites. Die endgültige Entscheidung der beiden Fragen, die nicht ganz zu trennen sind, muß der Rechtsgeschichte überlassen werden.

Die Entstehungsgeschichte der Bede braucht uns hier nicht zu interessieren [1]. Was die zweite Frage betrifft, so wollen wir von dem heutigen Stand des Problems ausgehen, nämlich von der herrschenden Anschauung, daß die Beden öffentlich-rechtliche Abgaben sind [2].

Die Urkunden, die in den zahlreichen Einzeluntersuchungen über Beden wie in allgemeinen Werken enthalten sind, gehen, soweit sie etwas über die Art der Steuern aussagen, selten weiter als bis zum 12. Jahrhundert zurück. Die meisten gehören dem 13. und 14. Jahrhundert an. Dieses Zeitalter bildet

---

[1] Zeumer nimmt an, die Beden seien ursprünglich aus dem privaten Geldbedürfnis der Herren entstanden und allmählich zu öffentlich-rechtlichen Abgaben geworden; er betont die Jurisdiktion als Entstehungsgrund. Von Below, dessen Schüler und viele andere neuere Autoren vertreten mit Bestimmtheit die Ansicht: die Abgabe sei aus der Gerichtshoheit neu entstanden und später auf Grund der Landeshoheit erhoben worden. — Dagegen hält Kogler (Archiv f. österr. Geschichtsforschung, Bd. 90, 1901) die »alte« Eichhornsche Ansicht von der Entstehung der Bede aus der alten Heersteuer für richtig. — Adolph Wagner glaubt beide Theorien vereinigen zu können, neigt aber wohl mehr der ersteren zu (Steuergeschichte 1910, S. 74).

[2] Die von Lamprecht in seinem Werke »Deutsches Wirtschaftsleben im Mittelalter« (S. 301, 863, 1028/29, 1041) vertretene Anschauung, die in den Beden zum großen Teil Abgaben grundherrlicher Natur sah — zugleich natürlich eine entstehungsgeschichtliche Erklärung — scheint heute wenig Anhänger zu haben. Fast alle modernen Autoren erklären die Bede allgemein für eine »Steuer«, für eine öffentlich-rechtliche Abgabe. Freilich versäumen viele die von Below betonte Einschränkung hervorzuheben, daß der Gesichtspunkt des öffentlichen Interesses als Motiv für die Erhebung und Verwendung der Abgabe noch fehlt. Wenn man aber diese Einschränkung beachtet, wenn man in Betracht zieht, wie die Exemtionen subjektiver Art so zahlreich sind, daß sie ein Prinzip der Steuerpflicht kaum noch erkennen lassen, und wenn man bedenkt, wie verschieden die territorialen Verhältnisse des Mittelalters, wie wenig scharf ausgebildet oft auch die Begriffe waren, so wird man für die ältere Zeit den Steuercharakter der Beden wohl doch nicht allgemein mit so großer Sicherheit behaupten dürfen. Der Schluß liegt nahe, daß die Grenze zwischen privatrechtlicher Abgabe und Steuer zuweilen schwer zu ziehen sei. Dann wird es sogar begreiflich, wenn der freilich zu Verwirrung neigende H. K. Lang unter Steuern alle Abgaben an den Regenten wie an den Grundherrn versteht. Wir aber wollen, da wir einen sicheren Ausgangspunkt brauchen, immerhin noch die heute herrschende Ansicht akzeptieren, daß die Beden öffentlich-rechtlicher Natur, Steuern sind.

daher im wesentlichen das Gebiet unserer Abhandlung in diesem Teile. Daß die Urkunden über Beden der Vögte nach Zeumer (S. 6) bis ins 11. Jahrhundert zurückgehen, daß Anklänge an die Beden nach Metzen[1] schon im 9. Jahrhundert vorkommen, soll uns hier nicht berühren, da wir uns nicht mit der Entstehungsgeschichte der Beden befassen. Wir wollen uns auch nicht mit den Steuern des Deutschen Reichs beschäftigen, die in anderem Zusammenhange besprochen werden sollen. Ferner wollen wir die Steuergeschichte der Territorien hier nur bis zum Ende des 14. Jahrhunderts verfolgen, schon aus dem äußeren Grunde, weil die uns zur Verfügung stehenden Monographien für das Mitteltalter meist diese Grenze wählen. Endlich soll dieser Abschnitt sich auf das platte Land beschränken, die Besteuerung der Städte aber in einem anderen Teile erörtert werden. Nun besitzen wir einige, besonders agrar-historische Abhandlungen, die über das Steuerwesen von Territorien ausschließlich für die spätere Zeit Nachrichten enthalten. Man könnte, in Anbetracht der großen Stabilität des ländlichen direkten Steuerwesens in manchen Gegenden, versucht sein, diese Nachrichten einfach auf unsere frühere Zeit zurückzubeziehen. Allein so wenig geleugnet werden soll, daß man damit in einzelnen Fällen zu richtigen Resultaten gelangen könnte, so bedenklich ist es meines Erachtens, dies Verfahren zu verallgemeinern. Solche unsichere Schlüsse zu ziehen, brauchen wir uns um so weniger veranlaßt zu sehen, als wir von vielen anderen Territorien aus genauen Untersuchungen direkte Nachrichten über die ältere Zeit besitzen.

Die Dauer der landesherrlichen Bede ist in Wirklichkeit in den verschiedenen Staaten eine ganz verschiedene gewesen,

---

[1] Metzen, Die ordentlichen direkten Staatssteuern des Mittelalters im Fürstbistum Münster. Zeitschrift für vaterländische Geschichte und Altertumskunde, Münster 1895, S. 19.

im Osten vielfach eine kürzere als im Westen[1]. Dort ist sie zum Teil schon im 14. Jahrhundert an die Grundherrschaften *verkauft oder verpfändet worden und* so dem Landesherrn verloren gegangen. Zuweilen hat die Bede das 19. Jahrhundert erreicht, und bei ihrer Abschaffung wurde die Frage aktuell, ob sie öffentlich-rechtlicher oder privatrechtlicher Natur sei. In der Regel hat man sie für öffentlich-rechtlich erklärt und unentgeltlich aufgehoben. Die Bedeutung unserer Bede aber wurde überall verringert durch die Entstehung der »landständischen« Steuer[2]. In den letzten Jahrhunderten des Mittelalters wurde es üblich, daß bei außerordentlichem Bedarfe der Landesherr die Stände um eine außerordentliche Steuer bat, die ihm dann ausdrücklich für einmal bewilligt wurde. Die alte landesherrliche Steuer war von der neuen landständischen geschieden. Die Trennung der landesherrlichen und der landständischen Kasse ist ja überhaupt einer der bekanntesten Züge des älteren Finanzwesens.

Näher darauf einzugehen ist hier nicht der Ort. Nur darauf möchten wir hinweisen, daß die Entwicklung in den verschiedenen Territorien eine recht ungleiche war. Die außerordentlich klare Darstellung, die von Below in seinen verschiedenen Schriften gibt, scheint vornehmlich von einigen westlichen Territorien abgeleitet zu sein und will wohl als Beispiel, keineswegs aber als allgemeines Schema gelten. Wenn von Below sagt[3], die alte Bede sei seit dem 13. Jahrhundert eine ordentliche, von Bewilligung unabhängige, jährliche, feste Abgabe, während er als außerordentliche Steuer später die

---

[1] Dieser Absatz nach von Below, Artikel Bede im Handwörterbuch der Staatswissenschaften. 3. Aufl. 1908, Bd. II, S. 735 ff.

[2] Der Name »Bede« wird jedoch für beide Abgaben gebraucht. Eine strenge Scheidung der landesherrlichen »Bede« als einer bloßen Grundsteuer und der landständischen »Steuer« als einer sich auch auf andere Objekte erstreckenden Abgabe, wie Lang sie durchführt, entspricht nicht den historischen Tatsachen.

[3] Artikel »Grundsteuer in älterer Zeit« im Handwörterbuch der Staatswissenschaften, 2. Aufl. 1900, Bd. IV, S. 917.

landständische charakterisiert, so trifft das nicht für alle Territorien zu. In Württemberg z. B. ist noch die Schatzung von 1470 landesherrliche Steuer; von einer ständischen Vertretung fehlt jede Spur[1]; sie ist aber außerordentlichen Charakters. Ferner ist die landesherrliche Bede der Markgrafschaft Meißen, wie es scheint, nicht vor dem zweiten Viertel des 14. Jahrhunderts ständig geworden[2]. Daß ferner die subjektive Steuerpflicht überall verschieden geregelt ist, darauf hat man wohl schon früher hingewiesen. Endlich ist die Form der Bede nicht »überwiegend die einer Grund- und Gebäudesteuer«, sondern auf dem Lande die einer Grundsteuer, welche nur zuweilen von einer Gebäudesteuer ergänzt wird. —

In neuerer Zeit, mit dem Erstarken der landesherrlichen Macht, sank das Gewicht der Landstände; die außerordentliche Steuer aber wurde unter dem Einfluß einer neuen Heeresverfassung zu einer regelmäßigen; die jedesmalige Bewilligung hörte auf. Dies war wenigstens die Regel.

Jene Scheidung der Steuern nach ihrem staatsrechtlichen Charakter ist für uns eigentlich Nebensache. — Die im folgenden behandelten Steuern sind meistens regelmäßige landesherrliche Beden, und zwar schon aus dem äußeren Grunde, weil die Autoren, besonders für die Steuergeschichte der westlichen Territorien, den neben jenen Steuern auftretenden außerordentlichen Beden nicht dieselbe Aufmerksamkeit geschenkt haben. Wo uns aber der Charakter einer Steuer als außerordentlicher oder landständischer bekannt ist, soll er besonders hervorgehoben werden.

Schließlich wollen wir uns noch darüber klar werden, wer eigentlich besteuert wurde. Da liegt nun eine Schwierigkeit darin, daß die subjektive Steuerpflicht hauptsächlich infolge der zahlreichen Exemtionen in den verschiedenen Territorien eine

---

[1] Ernst, Württemb. Jahrbücher für Statistik und Landeskunde 1904, II, S. 97.

[2] E. O. Schulze, Die Kolonisierung und Germanisierung der Gebiete zwischen Saale und Elbe. Leipzig 1896, S. 246/47.

so außerordentlich ungleiche war, daß es unmöglich wird, eine befriedigende und genaue Regel darüber aufzustellen. Anderseits aber dürfte es für die Erörterung der Steuerbegriffe genügen, wenn wir bei der speziellen Betrachtung der objektiven Steuerpflicht nur eine allgemeine Voraussetzung betrefs der subjektiven machen. Wenn wir z. B. wissen, daß diese oder jene Steuer den Grund und Boden traf, so wird es genügen, wenn wir uns vorstellen, daß im allgemeinen die Bauern und in einzelnen Fällen auch die Ritter Steuerzahler waren. Es wird für die Beurteilung des Steuerbegriffs keinen Unterschied ausmachen, wenn in diesem Territorium ein größerer und in jenem ein kleinerer Teil des Adels steuerfrei war. Es liegt ja nicht in unserer Absicht, die Steuergeschichte vom sozialen Standpunkte zu betrachten. Nicht darauf also kommt es uns an, wie oft die großen Grundherrschaften in den einzelnen Territorien direkt oder durch Besteuerung der Hintersassen indirekt von der Bede getroffen wurden, sondern wie weit ihre wirtschaftliche Leistungsfähigkeit erfaßt wurde, w e n n es geschah. Jene allgemeine Voraussetzung aber, von der wir ausgehen, muß auf Grund der Resultate der steuergeschichtlichen Monographien etwa folgendermaßen formuliert werden: Steuerzahler waren die Bauern, manchmal auch Adel und Geistlichkeit. Eine grundsätzliche Steuerfreiheit der beiden letzteren Stände, wie sie in vielen Geschichtswerken angenommen wird, ist zwar nicht anerkannt, aber landesherrliche Privilegien und tatsächliche Machtverhältnisse wirkten oft fast ebenso. Hier und da gelang es aber doch, die Stände heranzuziehen[1].

---

[1] In Geldern z. B. waren die Ritter bei den ordentlichen Beden meistens frei, bei außerordentlichen wurden sie gern besteuert. In Jülich-Berg, Cleve-Mark und Trier herrschte weitgehende Steuerfreiheit von Adel und Geistlichkeit. Im Münsterlande war der Klerus für seinen Eigenbau frei, nicht allgemein für den verpachteten Grundbesitz. In Holstein wurden im 13. Jahrhundert noch viele Rittergüter besteuert, im 14. Jahrhundert waren fast alle frei. In Mecklenburg waren überhaupt nur ein großer Teil von den Hintersassen der Ritter sowie die Kolonen der fürstlichen Domänen Steuerzahler. In Brandenburg war

Im Mittelpunkte unseres Interesses steht aber das Problem der objektiven Steuerpflicht. Die erste Frage ist hier stets die, welche Objekte überhaupt besteuert werden. Wir werden finden, daß in älteren Zeiten häufig Steuern vorkommen, die nur bestimmte einzelne Objekte, z. B. den Grund und Boden heranziehen. Eine Steuer nun, die alle oder wenigstens fast alle Objekte einer Wirtschaft erfaßt, nenne ich eine »objektiv allgemeine Steuer«. Sie stellt eine Erfassung der ganzen Leistungsfähigkeit eines Wirtschaftssubjektes dar und zwar von der Seite des Besitzes, freilich mit einer gewissen Einschränkung, die unten besprochen werden soll (S. 88). Eine Steuer, die auch die bewegliche Habe erfaßt, ist von größerer »objektiver Allgemeinheit« als eine bloße Immobiliarsteuer usw. Ich gebrauche den genannten Begriff nur der Einfachheit halber, weil er oft wiederkehrt, und eine jedesmalige Umschreibung zu umständlich wäre.

Der Maßstab der Steuer.

Die Steuer haftete im wesentlichen auf dem Grund und Boden. Bei der Verteilung war es eine häufige Erscheinung, ja wohl fast die Regel, daß der einzelnen Gemeinde eine feste Summe auferlegt war, deren Unterverteilung ihr dann überlassen wurde. Allerdings sind wir über die Verteilung meistens nur schlecht unterrichtet. Doch steht fest, daß im 13. und 14. Jahrhundert diese Gesamtbesteuerung vorherrschte. Einzelbesteuerung kam anscheinend nur vor, wo das Hofsystem dominierte, z. B. im Bistum Salzburg. Brennecke nimmt sie auch für Mecklenburg an. Zieht man in Betracht, daß an eine ordentliche Landesvermessung oder gar an eine genaue Ertrags- oder Wertermittlung damals nicht zu denken war, so wird es von vornherein unwahrscheinlich sein, daß für die Festsetzung

der Eigenbau der Ritter bis zu sechs Hufen, der der Knappen bis zu vier Hufen frei usw.

der Summen, die die Gemeinden zu zahlen hatten, wie für die Subrepartition ein streng konsequenter und gerechter Maßstab bestanden habe[1]. Zumal, wie Below bemerkt[2], nicht immer vorausgesetzt werden kann, daß die abschätzenden Organe überhaupt gleichmäßige Verteilung beabsichtigten. Am wenigsten können wir uns eine gerechte Repartition vorstellen, wenn wir hören, wie die auf einzelnen Gütern und Häusern lastenden Steuerbeträge vielfach jahrzehntelang und länger dieselben geblieben sind; solche Fixierungen aber sind ja eine bekannte Erscheinung auch für diese Periode der Steuergeschichte.

Indessen gab es doch wenigstens einen rohen Maßstab für die Unterverteilung bzw. in Bezirken mit Einzelbesteuerung für die Verteilung überhaupt: Es war die Hufe oder der Morgen. Die Hufe war Maßstab in der Markgrafschaft Meißen, überhaupt in den Ländern zwischen Elbe und Saale, auch im Magdeburgischen[3], vielfach im Lüneburgischen Territorium und im Münsterlande, regelmäßig in Brandenburg, meistens in Mecklenburg, in Pommern und auf Rügen, ferner in Schlesien, Böhmen und Mähren[4], soweit wir über diese drei Länder unterrichtet sind, endlich meistens in Bayern, im Bistum Salzburg und in Tirol. In Bayern und Tirol spielt auch der »Hof« eine Rolle, ein großbäuerlicher Besitz, der nach Inama-Sternegg (Deutsche Wirtschaftsgeschichte III, 216) im allgemeinen doppelt so groß wie die Hufe war. In den meisten westlichen Terri-

[1] Nur aus Mecklenburg hören wir, daß in den Urkunden Stellen vorkommen, die auf die Existenz eines jedesmal für einen größeren Bezirk geltenden Verteilungsprinzips hindeuten (Brennecke S. 78), doch lassen die immerhin noch recht allgemein gehaltenen Ausdrücke keine speziellen Schlüsse zu.

[2] Zeitschrift des Bergischen Geschichtsvereins, Bd. 26, S. 33.

[3] Schulze a. a. O., S. 247, Anm. 2 und S. 253; S. 247 auch ein Beleg für ein Dorf links der Saale.

[4] Eine Urkunde für eine einzelne Steuer auf die »Mansi« in Österreich und Steiermark 1236 findet sich bei Muchar, Geschichte der Steiermark, V. 145; Quelle für Schlesien, Böhmen und Mähren ist d'Elvert; für Schlesien auch Tschoppe und Stenzel S. 31.

torien, deren Steuergeschichte wir kennen, in Jülich-Berg, Cleve-Mark und Geldern, im Bistum Köln und Trier wurde dagegen der Morgen als Bemessungsgrundlage genommen [1]. Der Grund der Unterscheidung leuchtet ein: Schon damals herrschte hier größere Zersplitterung des Besitzes. In Holstein und Mecklenburg waren je nach der Gegend und den Besitzverhältnissen Hufen oder Morgen Steuergrundlage. Man wird annehmen können, daß wie in einzelnen Territorien die Veranlagung nach Hufen und Morgen nebeneinander vorkommt, auch zuweilen der letztere Modus den ersteren abgelöst habe. In früherer Zeit war das Hufenmaß noch das gegebene, später, bei größerer Besitzzersplitterung, der Morgen.

In der Grafschaft Hoya war öfter nicht die Hufe, sondern die ganze selbständige Besitzung Steuermaßstab. Im Lüneburgischen finden wir neben den Hufen auch die Umlegung nach »Pflügen« (= 2 Hufen zu je 30 Morgen) und nach den wendischen »Haken« (= 2 Hufen zu je 15 Morgen [2]). Der Pflug war auch Maßstab bei der außerordentlichen allgemeinen Kollekte König Philipps, ausgeschrieben auf dem Reichstage zu Quedlinburg 1207 [3], ferner in Thüringen 1273 [4] und bei der Kollekte von 1277 in Österreich, ausgeschrieben von König Rudolf [5], ohne daß sich aus dem Wortlaut der Urkunden mit Bestimmtheit ersehen läßt, ob der »Pflug« bereits überall die Bedeutung eines bestimmten Landmaßes angenommen hat.

Wir müssen nun darüber klar werden, was Veranlagung nach Hufen oder Morgen bedeutet.

---

[1] Für Weingärten war bei der außerordentlichen Steuer König Rudolfs in Österreich und Steiermark 1277 das Joch ebenfalls Steuermaßstab (Muchar, Geschichte der Steiermark, V. 404).

[2] Sonnenkalb a. a. O. S. 32.

[3] Zeumer a. a. O. S. 16.

[4] Zeumer a. a. O. S. 16; Schulze a. a. O. S. 248.

[5] Zeumer a. a. O. S. 17.

Der Ausdruck Hufe besagt nach Meitzen[1] ursprünglich: »Eine ländliche Besitzung, die vom Hausvater und seiner Familie mit wenigem Gesinde bestellt werden konnte und dabei hinreichend war, um demselben den nötigen Unterhalt und die Mittel zu gewähren, die üblichen öffentlichen Lasten zu tragen. Sie stellte ein Bauerngut dar, welches unter primitiven Umständen und Ansprüchen imstande war, selbständig aus eigenen Kräften zu bestehen.«

Die Geschichte des Begriffs »Hufe« können wir hier nicht verfolgen. In den letzten Jahrhunderten des Mittelalters bedeutet »Hufe« im allgemeinen ein Maß, das in verschiedenen Ländern, Landesteilen und Grundherrschaften nicht das gleiche ist. Waitz[2] zeigt, daß in vielen Teilen Deutschlands Hufen von 30 Morgen sehr gewöhnlich waren, aber er führt daneben auch Maße von 15½, 20, 36, 40, 48 und 60 Morgen an. Inama-Sternegg[3] gibt an, daß in Bayern in den letzten Jahrhunderten des Mittelalters die Hube 15—30 Juchart Feld (ohne Wiesen und Wald) umfaßt. Aber selbst die gleiche Morgenzahl bedingt noch nicht die gleiche Landfläche. Auch für den Morgen (Acker, Juchart usw.) fehlt eine genaue Messungsgrundlage. Es zeigen sich hier die größten Differenzen[4]. Daher ergibt sich folgendes:

1. Man versteht unter Hufe nicht mehr ein, wenn man so will, ideelles, innerliches Maß, sondern zunächst einfach ein Flächenmaß. Ich lasse jedoch dahingestellt, wie weit die Hufe gemäß der ursprünglichen Bedeutung überhaupt ein ideelles Maß gewesen ist und wie weit eine solche Vorstellung etwa auch später noch neben der eines bloßen Flächenmaßes mitgewirkt haben könnte. Wenn man übrigens in den letzten

---

[1] Artikel Hufe im Handwörterbuch der Staatswissenschaften, 2. Aufl., Bd. IV, S. 1232.

[2] Artikel Hufe im Handwörterbuch der Staatswissenschaften, 2. Aufl., Bd. IV, S. 1232.

[3] Deutsche Wirtschaftsgeschichte, Bd. III, S. 216.

[4] Artikel Hufe a. a. O. S. 1237.

Jahrhunderten des Mittelalters von einer Hufe zu 30 Morgen spricht, bezieht sich diese Zahl nur auf das Ackerland, während Haus, Garten und Anteile an Wald, Wiese und Weide gleichwohl hinzuzudenken sind [1].

2. Jenes Maß ist kein exaktes Flächenmaß, sondern weist die größten Verschiedenheiten auf. Auch die kleinere Maßeinheit, der Morgen, ist unsicher [2].

Obwohl der Morgen eine relativ kleine Maßeinheit darstellt, werden doch zuweilen Bruchstücke bei der Besteuerung berücksichtigt. In der Grafschaft Hoya kommt die »Wende« vor, ein Maß von einem halben Morgen [3]. Den halben Morgen finden wir auch in Cleve-Mark [4]. Eine größere Rolle aber spielt naturgemäß die Rechnung nach Bruchteilen schon bei der Hufe, jener relativ großen Maßeinheit. Es ist ja nur konsequent, daß eine Steuer, die im Prinzip nach der Zahl der Hufen fragt, auch die Bruchteile wie halbe, viertel und achtel Hufen proportional berücksichtigt. Dasselbe gilt für den Fall, daß Hufen sehr verschiedener Größe, z. B. beim Verhältnis von 1 : 2, mit derselben Bezeichnung »Hufe« schlechthin belegt werden.

Im Bistum Salzburg wurden die halben und viertel Hufen als solche berücksichtigt [5].

In Bayern wurde im Jahre 1262 für das Kloster Nikolaus bestimmt, daß eine »villicatio sine decimis instructa« 3 Solidi, eine volle Hufe 60 Denare, eine halbe Hufe 30, eine viertel Hufe 15 Denare steuern sollte [6].

Bei einer außerordentlichen Steuer in der Markgrafschaft Meißen im Jahre 1289 war der Belegungsmodus für die Untertanen des Stifts pro Hufe 1½ Lot Silber bei vollem

[1] Inama-Sternegg a. a. O. III, 215.
[2] Artikel Hufe a. a. O. S. 1237.
[3] Eggers a. a. O. S. 35.
[4] Niepmann a. a. O. S. 26.
[5] Bittner a. a. O. S. 544.
[6] Baasch a. a. O. S. 22.

Zensus, die Hälfte bei halbem Zensus[1]. Der Hufenzins war überhaupt Bemessungsgrundlage in den Ländern zwischen Saale und Elbe[2].

In Brandenburg fand die Bemessung der Steuer nach dem grundherrlichen Hufenzins statt und zwar sowohl bei der einmaligen Ablösung der Steuer im Jahre 1281, wie bei der fixierten Jahresbede seit 1282. Eine Stelle aus der Urkunde, die den Vertrag betrifft, lautet (Gercken, Dipl. vet. March. I. p. 16): »quod vasalli nostri dictam terram inhabitantes . . . nobis dederunt de manso qui chorum duri frumenti solvebat, de duobus choris avene equipollentibus choro duri frumenti et de talento fertonem, et si mansus magis soluebat eo magis, si vero minus eo minus condonaverunt[3]. Wir sehen also — die Merklinghaussche Lesart vorausgesetzt — daß nicht jede Hufe denselben Satz (ein Wispel Hartkorn = 2 Wispel Hafer = 1 Talent) als Zins bezahlte, sondern daß auch von einem »mehr oder weniger« die Rede ist. Das gleiche gilt aber auch für die Steuer, die sich nach dem Zins richtete. Merklinghaus nimmt an, daß in der Altmark, wo kleine und große Hufen vorkamen, und der Zins zwischen 1/2 chorus und 1 chorus wechselte,

[1] Falke, Tübinger Zeitschrift 1874, S. 396.

[2] Schulze a. a. O. S. 253.

[3] Schon Merklinghaus hat darauf hingewiesen (a. a. O. S. 73 f.), daß Zeumers Lesart irrig ist. Zeumer (a. a. O. S. 15) denkt an den Ertrag der Hufe und übersetzt dann: »De talento« mit »von jedem Pfunde, wie wir annehmen müssen, des Einkommens«. Abgesehen von Merklinghaus' Argument gegen den Sinn dieser Erklärung, glauben wir schon aus der Satzstellung schließen zu müssen, daß Zeumer sich irrt. Der Satz: »Et si mansus magis soluebat« bezieht sich seiner Stellung nach offenbar auf die ganze vorhergehende Phrase: »qui chorum . . . de duobus choris . . . et de talento.« Dann kann aber diese Phrase auch nur von der Hufe und nicht von einer anderen Einkommensquelle handeln. Die Möglichkeit, daß sie sich auf den Ertrag der Hufe bezieht, die hiernach noch nicht ausgeschlossen wäre, ist unseres Erachtens nicht so undenkbar, wie Merklinghaus glaubt, weil Steuern, die ein ganzes Jahreserträgnis absorbieren, in jener Zeit vorkommen. Indessen glauben wir, daß man gegen Merklinghaus' Darstellung dennoch kaum etwas Überzeugendes wird einwenden können, nach welcher sich alles nur auf den Zins für die Hufe bezieht.

auch der Ertrag der Hufen um die Hälfte verschieden gewesen sein dürfte [1].

Im Jahre 1287 wird vom Markgrafen Friedrich von Brandenburg und den Bischöfen zu Naumburg und Merseburg ein Subsidium erhoben [2]. Zeumer (S. 17) und Schulze (S. 248) nehmen hier eine Besteuerung nach bestimmten Prozentsätzen des Ertrages an. Indessen ist es zweifelhaft, ob »redditus« hier nicht einfach »Grundzins« bedeutet und dann an eine Steuer nach Analogie der besprochenen brandenburgischen Hufenzinsabgabe zu denken ist.

Bonitierung. — Katen und Mühlen, Gebäude, Renten und Mobilia als Steuerobjekte.

Die Nachrichten über diese Punkte sind spärlich. Man sagt, daß das Mittelalter dle Ausnahmen liebt, wie zuweilen auch von den Erforschern der Bede bemerkt wird. Es ist daher gewagt, aus vereinzelt dastehenden Urkunden allgemeine Schlüsse zu ziehen. Man darf keineswegs verkennen, daß der Zufall bei der Auswahl der uns erhaltenen Urkunden eine große Rolle spielen kann. Ich will auch nicht behaupten, daß man nie aus einer einzelnen Nachricht allgemeine Schlüsse ziehen dürfte. Aber es kommt darauf an, worauf sie sich zunächst bezieht. Es kommt darauf an, worauf sich die Regel gründet, der sie etwa widerspricht. Es kommt darauf an, daß man sich gegebenenfalls bewußt bleibt: Dieser Schluß ist gewagt, wenn er auch vielleicht besser ist als gar keiner. Diese scheinbar selbstverständliche Maxime ist meines Erachtens von den Bearbeitern der mittelalterlichen Bede zu wenig beachtet worden. Die Subrepartition der Steuer ist der Gemeinde über-

[1] Für die Annahme einer eigentlichen Bonitierung, die über die Berücksichtigung der bloßen Bodengröße hinausgeht, haben wir jedoch meines Wissens in Brandenburg keinen Anhalt.

[2] Schunck, Cod. dipl. exhibens chartas historiam medii aevi illustrantes, S. 135.

lassen. Es ist natürlich, daß im Mittelalter hieraus die verschiedensten Phänomene entstehen. Wenn wir nun hören, daß nach irgendeiner Urkunde in einem bestimmten Dorfe dieses oder jenes Territoriums eine verhältnismäßig moderne Form der Besteuerung existiert hat, so ist es höchst bedenklich, hieraus zu schließen, jene Besteuerungsform sei in dem betreffenden Lande die allgemeine gewesen.

Wir fragen nach dieser Abschweifung, ob außer der Größe andere Umstände, die auf den Wert und Ertrag der Güter von Einfluß sind, gar nicht berücksichtigt wurden. Zunächst könnte man ja sagen, daß, bei den relativ extensiven Wirtschaftssystemen der Zeit schon die Größe des Landes ein leidlicher Maßstab für den Ertrag und den Wert gewesen sei. Indessen ist nicht zu übersehen, daß selbst innerhalb kleinerer Bezirke die Bodenbeschaffenheit oft eine so verschiedene gewesen sein muß, daß jene Voraussetzung nicht mehr zutrifft, von der verschiedenen Verteilung der Kulturgattungen ganz abgesehen.

In der Hauptsache ist es sicher richtig, daß von einer Bonitierung für jene Periode nicht die Rede ist. Below weist darauf hin, daß insbesondere die häufig vorkommende Fixierung von Steuerbeträgen für einzelne Objekte eine künftige Bonitierung unmöglich macht. Indessen war vielfach wüstes Land von der Steuer befreit, also wenigstens in einer Beziehung Rücksicht auf den Ertrag genommen. Das war der Fall in Mecklenburg, Holstein, im Münsterlande, in Cleve-Mark. Auch bei der außerordentlichen landesherrlichen Bede von 1289 in der Markgrafschaft Meißen war es so (Schulze S. 246 Anm. 3). Bei den Nachrichten über eine verschiedene Belastung der Bodengattungen z. B. in Geldern, der Wetterau, läßt sich nicht erkennen, wie weit die Einführung solcher Unterscheidungen zeitlich zurückgeht. Aber in Bayern wurde schon in unserer Periode auf die Höhe des Servicium und wahrscheinlich auf die Art der Bewirtschaftung Rücksicht genommen (Baasch S. 22). Im Münsterlande schwankten in einem Amte die Steuerquoten der Einzelnen zwischen 2 Schilling und 2 Mark. Metzen (S. 81) nimmt an, daß es sich hier um verschieden ausgedehnten Grundbesitz gehandelt habe. Eine Urkunde der Stadt Ahlen wird dann als Beweis für das Vorhandensein einer gewissen Bonitierung angeführt; aber einmal handelt es sich um eine Stadt, und ein Rückschluß auf ländliche Verhältnisse erscheint daher gewagt, dann aber gilt eben für solche allgemeine Schlüsse aus einer einzelnen Urkunde das oben Gesagte. In Mecklenburg sind die Steuersätze für die einzelnen Hufen auch in ein und demselben Dorfe einmal verschieden. Für denselben Ort aber nimmt man eine ziemlich konstante Größe der Hufe an. Brennecke (S. 78) glaubt daher, Güte und Ertragsfähigkeit des Bodens seien mit veranschlagt worden. Freilich können verschiedene Sätze für dieselbe Einheit nach Schöningh (S. 58) sehr wohl auch auf bloße Verschiebungen in den Grundbesitzverhältnissen zurückgehen. Die großen Differenzen in den Sätzen für dieselbe Einheit in verschiedenen Gemeinden sprechen nach Brennecke (S. 79/80) ebenfalls für eine Bonitierung, freilich bleibt auch das nur eine Hypothese. Dasselbe ist der Fall, wenn Below [1] aus Satzdifferenzen für den Morgen in derselben Gegend — Urkunde von 1385 — schließt, daß hier eine Bonitierung anzunehmen sei. Schöningh, dessen Abhandlung sich auf das 14. und 15. Jahrhundert bezieht, hält für Jülich und Köln die Bonitierung im allgemeinen für unwahrscheinlich. Sie kommt nach ihm wohl vor, vielleicht bei außerordentlich großen Differenzen der Bodenbeschaffenheit, aber keinesfalls als Regel. Bittner nimmt für Salzburg zwar weitgehende Bonitierung an und betont, daß neben der Bemessung nach Huben ganz frei die allgemeinen Vermögensverhältnisse der Besitzer berücksichtigt worden seien (S. 547). Er denkt aber hierbei besonders an die Zahlungsfähigkeit des Besitzers und deren Beeinträchtigung durch Elementarschäden, dagegen offenbar

[1] Zeitschrift des Bergischen Geschichtsvereins, Bd. 26, S. 32.

weniger an eine Bonitierung im eigentlichen Sinne, d. h. an differenzierte Bewertung des Bodens. In Tirol scheint es nach Kogler ähnlich gewesen zu sein.

Allerdings findet sich in Tirol schon am Ende des 13. Jahrhunderts einmal ein Modus, der von der primitiven Hufensteuer ziemlich weit entfernt ist. Nach einer Urkunde von 1296 [1] hat in der Gemeinde Vigo im Nonstale eine Einschätzung aller steuerbaren Besitzungen nach Geldeswert stattgefunden. Da Kaufwerte im 13. Jahrhundert auch in Tirol nicht gerade eine häufige Erscheinung gewesen sein dürften, und da eine rationelle Ertragsbesteuerung nicht möglich war, werden wir freilich annehmen müssen, daß jene Werte aus roher Schätzung hervorgegangen sein werden.

Katen und Mühlen [2] kommen als Steuerobjekte vor besonders in Mecklenburg und Holstein, aber auch in der Grafschaft Hoya, im Lüneburgischen und in Bayern. Kotten wurden auch im Münsterlande besteuert. In Jülich und Berg wurden die Kötter wahrscheinlich von besonderen Personalsteuern getroffen [3]. Wenn es nach Wittich [4] geradezu das Charakteristikum des Kötters ist, daß sein Landbesitz nicht in die Hufenordnung hineingehört, so folgt daraus, daß hier eine besondere Besteuerungsform Platz greifen mußte, wenn überhaupt besteuert werden sollte; vielleicht hat man sich jedoch zuweilen auch mit gewissen Bruchteilen des Satzes für die Hufen begnügt.

Wir kommen nun zur Häuserbesteuerung. Mit Recht macht der Bearbeiter von Münster, Metzen, darauf aufmerksam, daß das häufige Vorkommen des Ausdrucks »domus« in Steuer-

---

[1] Kogler S. 514 und Anlage am Schluß.

[2] Eine Mühle kommt auch vor in einer Befreiungsurkunde von Trier (S. 20). Die Mühlenräder wurden in Österreich besteuert bei einer außerordentlichen Steuer König Rudolfs von 1277 (Zeumer S. 17), ebenso in Steiermark (Muchar V, S. 404), endlich bei einer außerordentlichen Landbede von 1336 (Lang S. 114, Gräser S. 192) in Österreich.

[3] Zeitschrift des Bergischen Geschichtsvereins, Bd. 26, S. 27.

[4] Wittich, Die Grundherrschaft in Nordwestdeutschland, Leipzig 1896, S. 96 und 351.

urkunden noch nicht mit Sicherheit auf eine eigentliche Gebäudesteuér schließen läßt, weil mit »domus« hier auch allgemein der Landbesitz gemeint sein könne. Er führt einige Beispiele an (S. 57), wo letzteres sogar zweifellos der Fall ist. Man erinnere sich ferner, daß im Mittelalter überhaupt das Wort »domus« so viel wie »mansus«, d. h. Hufe, Bauerngut bedeuten kann, wenn es auch wohl in diesem Sinne häufiger in den früheren Jahrhunderten des Mittelalters angewandt wird [1]. Dann könnte man auch in diesem oder jenem Fall, wo in anderen Territorien »domus« als Steuerobjekt erscheint, dieselbe Deutung für möglich halten. In den unten genannten Fällen einer vorkommenden Häuserbesteuerung trifft diese Möglichkeit jedoch meist nicht zu, weil aus dem Zusammenhange hervorgeht, daß das Wort »domus« hier seinen eigentlichen speziellen Sinn von »Haus« hat, so z. B. in einer Tiroler Urkunde, in der fast alle Immobilia neben einander aufgezählt werden. Einen noch weiteren Sinn hat das Wort »hus« dagegen, wenn in der Grafschaft Hoya in den Güterregistern von 1380 »hus« für die ganze selbständige Besitzung (von mehreren Hufen) gebraucht wird [2]. Die von Plönes für Geldern angeführten Daten (S. 36), in denen »hus« und ähnliches vorkommt, besagen meines Erachtens gar nichts Sicheres über eine Häuserbesteuerung.

Anzeichen dafür, daß in Mecklenburg eine ländliche Gebäudesteuer existiert habe, eine Möglichkeit, die an sich nicht bestritten werden soll, kann ich in den von Brennecke angeführten Tatsachen nicht erblicken. Die Besteuerung von Katen, Mühlen und Salzgütern beweist gar nichts. Sicherlich war es in solchen Fällen nicht das Gebäude, sondern das Einkommen, der Erwerbszweig, was getroffen werden sollte. Wurden doch sogar zuweilen Fischnetze besteuert. Unsere Auffassung läßt sich zwar nicht direkt beweisen, aber sie entspricht der Psychologie der Steuergeschichte. Für sie spricht durchaus,

[1] Vgl. Lamprecht, Deutsches Wirtschaftsleben im Mittelalter S. 332.

[2] Zeitschrift des histor. Vereins für Niedersachsen 1900, S. 34.

daß gerade in Jülich-Berg, wo eine Gebäudesteuer auf dem Lande vorkommt, die Kötter gleichwohl nicht von ihr getroffen wurden [1]. Aus der Entwicklung der Städtesteuern aber Schlüsse auf die der ländlichen Abgaben zu ziehen, ist bedenklich, weil jene meist ganz selbständige Wege geht. Wenn Brennecke endlich für möglich hält, daß die Hufensteuer sich nicht bloß auf den Acker, sondern auch auf Hofstätten und Gebäude mit bezogen habe, so gesteht er damit doch wohl selbst zu, daß eine besondere Gebäudesteuer auf dem Lande nicht anzunehmen sei [2].

Das Vorkommen einer Besteuerung von Häusern hat Below für Jülich-Berg nachgewiesen. Wenn man aber betreffs allgemeiner Schlüsse auf dem oben erörterten prinzipiellen Standpunkte steht, so wird man auch diese aus einzelnen Gemeinden angeführten Urkunden [3] nicht als genügend ansehen, um eine allgemeine Besteuerung der bäuerlichen Gebäude für die genannten Territorien wahrscheinlich zu machen. Schöningh, der ebenfalls Jülich und das Bistum Köln behandelt, hat die entgegengesetzte Meinung aussprechen können, daß die Regel Nichtbesteuerung der Häuser sei (S. 60). Er nennt einige Fälle einer Gebäudebesteuerung aus einzelnen Gemeinden; die Quellen stammen aber aus dem 16. Jahrhundert; wie weit man aus ihnen rückwärts schließen darf, wissen wir nicht. Der Bearbeiter von Kur-Trier, Weis, führt dann (S. 33) mehrere Urkunden an, von denen meines Erachtens nur die erste mit Sicherheit eine Besteuerung von Häusern erschließen läßt [4]. Für das lüneburgische Territorium, wo neben den »curiis et mansis« zuweilen auch Häuser als Steuerobjekte erscheinen, kann man annehmen, daß sie nur eine ergänzende Rolle gespielt

[1] Zeitschrift des Bergischen Geschichtsvereins, Bd. 26, S. 28.

[2] Auch Techen wendet sich am Schluße einer Abhandlung über die Mecklenburgische Bede (Jahrbücher des Vereins f. Mecklenburg. Gesch. 1902, S. 72) betreffs der Gebäudesteuer gegen Brennecke.

[3] Zeitschrift des Bergischen Geschichtsvereins, Bd. 26, S. 26 ff.

[4] In den anderen Urkunden erscheinen die unbestimmbaren Ausdrücke »domus« und »Hof«; die letzte Urkunde bezieht sich auf eine Stadt.

haben. In Tirol erscheinen neben ganzen Höfen auch einzelne Immobilien aller Art, darunter Häuser[1]. Zwei Urkunden aus dem Bistum Salzburg, in denen Häuser als Steuerobjekte auftreten[2], beziehen sich auf Städte.

Dies sind sämtliche Nachrichten über Besteuerung von Häusern in den Territorien, die sich bei den Bearbeitern der Bede finden. Diese Daten beziehen sich also nur auf einen Teil der in Frage kommenden Länder. Aus Brandenburg, Sachsen, Bayern und anderen Territorien hören wir gar nichts von einer ländlichen Häuserbesteuerung. Für kein einziges der zuerst genannten Länder aber liegt die Annahme einer allgemeinen Gebäudebesteuerung auf dem platten Lande nahe. Wenn nun von Below schreibt[3]: »Die Form der Bede ist überwiegend die einer Grund- und Gebäudesteuer und zwar sowohl in der Stadt wie auf dem Lande«, so ist diese Fassung nach dem heutigen Stand der Frage meines Erachtens nur eine Hypothese[4], und zwar sowohl für unsere Periode, wie überhaupt für die ordentliche landesherrliche Bede im Mittelalter — so weit wir bis jetzt über sie unterrichtet sind — denn das hier entworfene Bild ändert sich nicht, wenn man diejenigen Untersuchungen, die weiter als bis 1400 gehen, für die letzte Periode des Mittelalters zu Rate zieht.

Eine andere Frage ist die, ob nicht in manchen Territorien in größerer Ausdehnung Häuser besteuert worden seien, ohne

[1] Zeumers Angabe (S. 17), König Rudolf habe in Österreich einmal »Haus und Hof« besteuert, beruht auf einer irrtümlichen Lesart. Wie durch die in der Urkunde (Monumenta Germ. Hist. Scriptores IX, S. 648) vorkommenden Steuersätze bestätigt wird, bedeutet »curia« hier nicht »Haus«, sondern das großbäuerliche Gut = 2 mausi, während »area« allerdings die Hofstätte ist.

[2] Bittner a. a. O. S. 485, Anm. 4 und S. 508, Anm. 78.

[3] Artikel Bede a. a. O., 2. Aufl., S. 536. In der dritten Auflage (1908) lautet der Passus: »Der Idee nach sollte die Bede Vermögenssteuer sein; tatsächlich jedoch wurden in der Regel nur Grundbesitz und Gebäude berücksichtigt, und zwar sowohl in der Stadt wie auf dem Lande.«

[4] Schon die Deduktionen v. Myrbachs (Zeitschr. f. d. ges. Staatsw., Bd. 40, S. 549) weichen von dieser herrschenden Theorie ab, bewegen sich aber in einer anderen Richtung als die meinigen.

daß zufällig Urkunden darüber auf uns gelangt wären. Indessen machen wir uns folgendes klar: Auf dem Lande hat es im allgemeinen bis in späte Zeiten nur Burgen und armselige Hütten gegeben[1], während in der Stadt das eigentliche Wohnhaus sich entwickelt. Schon diese Tatsache dürfte a priori gegen Theorien einer »Gebäudesteuer« auf dem Lande mißtrauisch machen. Wo aber in deutschen Territorien die Besteuerung von Häusern neben der gewöhnlichen Hufenbesteuerung bloß ergänzend eintritt, da wo das Hufenmaß aufhört, dort ist der Ausdruck »Gebäudesteuer« kaum angebracht: Bei der Besteuerung der Kötter und anderer nichthufenbesitzender Klassen wird es sich vielfach um den Ackerbesitz gehandelt haben, der analog der Hufe getroffen werden sollte. Dann aber wird an die Hütten der Kötter und ähnlicher Klassen zu denken sein, bei denen wohl nur die Hütte als konkrete Erscheinung der wirtschaftlichen Leistungsfähigkeit einer Persönlichkeit besteuert worden sein dürfte, während man im Grunde das Einkommen, die »Nahrung« der betreffenden Person im Auge gehabt hat. Beweisen läßt sich dieser letzte Satz nicht, wohl aber entspricht er wieder der Psychologie der Steuergeschichte. Nicht anders dürfte es gewesen sein, wenn in der Grafschaft Hoya die »Brinksitzer« und »Neubauern« »vom Hause« oder »vom Sitz« Steuern zahlen mußten[2].

Vor allem aber müssen wir uns vergegenwärtigen, daß die gewöhnliche Besteuerung nach Hufen eine besondere Häusersteuer ausschloß. Denn es wurde die Hufe, d. h. ein Komplex von Haus, Hof, Garten, Feld, Wiese, Wald und Weide als Ganzes besteuert. Später soll ausgeführt werden, daß man hierbei wohl ursprünglich an den Ertrag der Hufe gedacht hat. Dann erscheint es selbstverständlich, daß man die Häuser nicht besonders besteuerte, da die Feinheit einer Steuer auf die

[1] Von Myrbach S. 551.

[2] Eggers, Zeitschr. des histor. Vereins f. Niedersachsen 1900, S. 38.

Wohnungsnutzung diesem rohen System nicht entsprochen haben dürfte. Wenn nun gerade in Jülich-Berg und Kur-Trier die Hofstätten als besondere Steuerobjekte auftreten, so stimmt das damit überein, daß gerade in diesen Ländern auch die Häuser als besondere Objekte vorkommen. Ich möchte nach alledem die Vermutung aussprechen, daß es keineswegs Zufall ist, wenn die spärlichen Nachrichten über ein Vorkommen der Häuserbesteuerung fast nur aus solchen Gegenden stammen, wo die Hufenverfassung wegen eingetretener Besitzeszersplitterung nicht mehr den Steuermaßstab bildete, oder aber aus Gebieten, wo die Häusersteuer eine bloße Ergänzung der Hufenbesteuerung darstellt. Zur ersten Kategorie würden Jülich-Berg und Trier gehören, zur zweiten Lüneburg und Tirol. Es soll damit nicht gesagt sein, daß in den Ländern der ersten Kategorie die Gebäudebesteuernng etwa allgemein gewesen wäre, sondern nur, daß sie dort leicht entstehen konnte und, wie wir wissen, in manchen Gemeinden entstanden ist [1].

Wir kommen jetzt zur Mobiliar- und Rentenbesteuerung. Wenn man den Satz aufgestellt hat, daß die Beden des platten Landes im Mittelalter nur den Grund und Boden trafen, so ist diese Regel nicht ohne Ausnahme. Auf die Entwicklung in Bayern wollen wir noch später zurückkommen. In Brandenburg wurden schon im Jahre 1281 Untertanen, die weniger als eine Hufe besaßen, besonders Kossäten und Müller, nach ihrer fahrenden Habe besteuert [2]. Aus dem Fürstentum Lüneburg

[1] Es erscheint selbstverständlich nicht schwer, eine Theorie anzugreifen, weil sie sich auf zu wenig Urkunden stützt, zumal die hier geltend gemachte Anschauung ihres negativen Charakters wegen überhaupt nicht direkt zu beweisen sein dürfte. Ich glaube nur, daß unsere Hypothese aus den angeführten Gründen größere innere Wahrscheinlichkeit hat, und daß es deshalb kein Zufall ist, wenn das Material für die positive Belowsche Theorie so spärlich bleibt.

[2] Die Darstellung von Merklinghaus entspricht wohl in allem aufs genaueste dem Wortlaut und Sinn der Urkunde bei Gercken (Dipl. vet. March. I p. 16). Woher Zimmermann (S. 259) den Satz nimmt, die außer den Städten wohnenden Nicht-Hufenbesitzer hätten jährlich für das Pfund Pfennige ihrer auf Geld geschätzten Habe einen Schilling bezahlt, ist nicht erfindlich. In den Urkunden ist nur von zwei Fällen einer Besteuerung der Nicht-Landbesitzer die

besitzen wir eine Urkunde von 1196[1], in der die »bona et redditus« des Erzbischofs von Verden als Steuerobjekte genannt werden. Sonnenkalb zieht daraus den Schluß, am Anfang habe man Güter und Einkünfte besteuert, später sei aus dieser Vermögenssteuer eine Reallast geworden. Diese Hypothese halte ich nicht für glücklich. Was Sonnenkalb unter »Vermögenssteuer« versteht, kann allerdings fraglich erscheinen. Immerhin geht aus jenem Zusammenhange hervor, daß unser Autor für die älteste Zeit eine objektiv-allgemeinere Steuer annimmt, die später zu einer Reallast zusammengeschrumpft sei — ein Vorgang, der in der Steuergeschichte unserer Gebiete zu späteren Zeiten wie in andern Ländern nicht selten gewesen ist. Hier aber dürfte er gerade nicht anzunehmen sein. Wir haben kein derartiges Beispiel aus andern deutschen Territorien der Epoche. Vor allem aber zwingt die Urkunde selbst nicht zu dieser Annahme. »bona« sind in jener Periode regelmäßig Immobilia und es liegt kein Grund vor, den Ausdruck auch auf bewegliche Habe zu beziehen. »redditus« kann speziell »Grundzinse« wie »Renten« oder auch allgemeiner »Einkünfte« bedeuten; an Erträge von mobilem Kapital aber durfte in jener Epoche wohl überhaupt noch nicht zu denken sein. Es liegt also eine Besteuerung von Grundbesitz vor — nach welchem Maßstabe, wird nicht gesagt — und eine Heranziehung bloßer Einkünfte — wahrscheinlich Grundzinse und Zehnten — wobei uns nicht verraten wird, wo die Grenze zwischen beiden Steuerquellen ist. Eine darüber hinausgehende Besteuerung von mobilem Kapital und dessen Erträgen ist dagegen nicht anzunehmen.

Daß übrigens bei der Geistlichkeit eine Heranziehung nach den »Einkünften« ausdrücklich genannt wird, ist eine Erscheinung, die wir in der Steuergeschichte auch sonst oft finden.

---

die Rede: 1. Einmalige Ablösung beim Bedeverkauf in drei Terminen; 2. Notbede in außerordentlichen Fällen.

[1] Sonnenkalb a. a. O. S. 27.

So kommt es später häufig vor, daß eine allgemeine Besteuerung nach dem Kapitalwert herrscht, die Kirche, die Geistlichkeit, zuweilen auch noch der weltliche Adel jedoch ausdrücklich nach den Einkünften besteuert wird. In Böhmen wird auch in unserer Periode schon einmal, nämlich im Jahre 1326, der zehnte Teil der geistlichen Einkünfte als Steuer erhoben [1]. Dasselbe ist der Fall in Österreich und Steiermark 1315—16 [2]. Eine bischöfliche Steuer in der Diözese Konstanz im Jahre 1379 [3] wurde nach dem Einkommen der geistlichen Korporationen und einzelner Kleriker erhoben. Grundlage der wirtschaftlichen Existenz der Kirche sind Güter und besonders häufig bloße Einkünfte, mögen die letzteren Grundzinse, Zehnten oder Renten sein. Diese letzteren Bestandteile ihrer wirtschaftlichen Macht aber erscheinen durchaus zunächst in der Form von Einkünften und es bedarf erst einer Fiktion, um sie zu kapitalisieren.

Das Vorkommen von Renten in einer Befreiungsurkunde des 13. Jahrhunderts in Cleve [4] — Niepmann geht nicht näher auf diese Urkunde ein — beweist auch nicht viel. Die Urkunde [5] enthält nämlich eine lange Aufzählung von Grundstücken und Rechten, mit denen jemand belehnt wird, und etwa in der Mitte kommt folgender Posten vor: libram unam parue monete, quam Johannes et baldewinus singulis annis persolvunt de bonis suis. Da die Steuerbefreiung schon vor dem Beginn der ganzen Aufzählung ausgesprochen wird, so ist meines Erachtens zweifelhaft, ob sie für jenen Posten speziell mit Geltung haben soll. Rein logisch muß das zwar der Fall sein, aber es erscheint möglich, daß man gar nicht daran gedacht hätte, jene lange Aufzählung plötzlich zu unterbrechen, selbst wenn die Renten so wie so steuerfrei waren. Gesetzt aber, es seien wirklich schon in früherer Zeit öfter

---

1 d'Elvert S. 7.

2 Lichnowsky, Geschichte des Hauses Habsburg, Wien 1838, III, S. 105.

3 Thommen, a. a. O. S. 275 ff.

4 Niepmann a. a. O. S. 13.

5 Lacomblet, Urkundenbuch II, 323, Nr. 555.

Renten besteuert worden, so gilt hier immer noch das oben Gesagte: An Erträge von mobilem Kapitalist noch nicht zu denken.

Das Wesen der Hufensteuer.

Der Steuerbegriff.

Im wesentlichen bleiben die Steuern auf dem Grund und Boden haften. Die Frage, wie weit sie als Realsteuern (Objektsteuern) auf den Grundstücken als solchen haften, wie weit sie als Personalsteuern an die Person gebunden sind, ist oft erörtert worden. Sie hat zunächst nur juristische Bedeutung, fällt aber dann ins Gewicht für die Frage nach der Ausdehnung der subjektiven Steuerpflicht. Wir dürfen uns daher hier kurz fassen. Die ordentliche Bede in den Territorien ist in unserer Periode anscheinend gewöhnlich ziemlich zweifellos »Realsteuer«[1]. Dabei ist nicht ausgeschlossen, daß sie ursprünglich Personalsteuer war. Jedoch beweist das Vorkommen einer Besteuerung von Mobilien in einzelnen Territorien noch nichts gegen diese allgemeine Auffassung der den Grund und Boden treffenden Beden als Objektsteuern, weil jene Mobiliarsteuer nur ergänzend auftritt, dabei aber als selbständige Steuer neben diesen aufgefaßt werden kann. Für Österreich allerdings nimmt Myrbach an (S. 581), die Beden auf dem Lande seien dort viel länger als in der Stadt Personalsteuern geblieben; letztere werden hier seit dem 14. Jahrhundert zu Objektsteuern.

Für uns handelt es sich nun darum, den Grundbegriff der in Frage kommenden Steuern zu ermitteln. Waren es Abgaben, die allen Faktoren der wirtschaftlichen Leistungsfähigkeit einer Person gerecht zu werden suchten? Wir können die Frage hier nicht so scharf formulieren wie später. Denn es stehen uns noch keine exakten Steuergesetze zur Verfügung.

[1] Eine Personalsteuer kommt nach Weis nebenher in Kurtrier vor (S. 42 ff.) nach Eggers ist sie auch in Hoya (S, 35) anzunehmen. — Nach der Darstellung von Schweizer (Jahrb. f. Schweiz. Gesch. 1883, S. 138) waren auch die Habsburgischen Vogtsteuern in der Schweiz Personalsteuern.

Wir wollen daher nur fragen, welche Ideen als Grundlagen der Steuern im 13. und 14. Jahrhundert angesehen werden können?

In den Urkunden der Periode finden sich öfter Ausdrücke wie: Jeder soll besteuert werden »na sime vermugen«[1], »nach Gebühr seines Erbes gleich seinen Nachbarn«[2], »secundum propriam facultatem et bonorum suorum estimationem«[3], »iuxta suam possibilitatem et pro rata bonorum suorum«[4]. Das bedeutet ja schon: nach seiner Leistungsfähigkeit. Indessen sind das zunächst nur allgemeine Phrasen, und wir dürfen uns keineswegs dabei beruhigen, sie ohne weiteres als den Geist der ungeschriebenen Steuergesetze der Zeit hinzunehmen. Wir fragen also noch einmal: Kann man für unsere Epoche, für das platte Land der deutschen Territorien, die erörterten Steuern auf den Grund und Boden wirklich als Versuch einer Erfassung der ganzen wirtschaftlichen Leistungsfähigkeit ansehen? Ich glaube, daß die deutsche Wirtschaftsgeschichte diese Frage bejahen wird.

Es sei noch einmal daran erinnert, daß die Beden die Bauern oder einen Teil derselben trafen, manchmal auch die Stände der Ritter und Geistlichen. Diese letzteren waren ihrem wirtschaftlichen Charakter nach Grundherren. Wenn nun diese Grundherren auch sonst für ihren — in jener Periode meist unbedeutenden — Eigenbau frei waren, steuerpflichtig blieben doch gewöhnlich die bäuerlichen Hintersassen, deren Abgaben wieder die Einnahmequellen der Grundherrschaften bildeten, so daß die letzteren doch in ihrer wirtschaftlichen Leistungsfähigkeit durch die Steuer berührt wurden. Grundherrschaftliche Produktion war also in viel höherem Maße Steuerquelle, als es auf den ersten Blick scheint.

Was gab es aber auf dem Lande noch außer der Landwirtschaft? Mobiles Leihkapital? Das beginnt selbst in den

[1] Lacomblet, Archiv für die Geschichte des Niederrheins VII, S. 316 (1402). — Below a. a. O., Bd. 26, S. 32.

[2] Below S. 32.

[3] Erzbischof Konrad von Mainz (1183) — Schulze a. a. O. S. 242.

[4] Grimm, Weistümer II, S. 672 (1378). — Below S. 32.

Städten erst im 15. Jahrhundert eine Rolle zu spielen [1]. Einen Handel, der einen selbständigen Berufsstand von Kaufleuten hervorbringt, hat es auf dem Lande im Mittelalter nicht gegeben; höchstens ein paar kleine Krämer wurden geduldet. Schwieriger liegt es schon mit dem Handwerk. Aber gab es denn ein solches als selbständige Einkommensquelle? »Sicher ist nur so viel, daß zunächst der ganze Bedarf der Bevölkerung an gewerblichen Erzeugnissen überhaupt nicht durch berufsmäßige Handwerker, sondern im Hause durch Hausgenossen befriedigt wurde. Sowohl Nahrungsmittel aller Art, als auch Gewebe und Kleidungsstücke, Gefäße und Geräte wurden als Produkte des Hausfleißes angefertigt. Auf den mittelalterlichen Fronhöfen sind es dann die Unfreien und Hörigen, die außer mit Ackerbau mit gewerblichen Arbeiten betraut waren, oder wenn sie bereits außerhalb des Herrenhofes angesiedelt waren, zur regelmäßigen Lieferung bestimmter gewerblicher Gegenstände an die Herrschaft verpflichtet erscheinen« [2]. Wenn nun die Gewerbetreibenden innerhalb der Grundherrschaften oder auf den Bauernhöfen lebten, produzierten und dort verpflegt wurden, so gehörte ihre Unterhaltung zu deren Produktionskosten. Wenn es nun auch fraglich bleibt, wie weit dieser Zustand noch in unserer Periode des Mittelalters verbreitet war, so ist doch immer festzuhalten, daß jene Form des hörigen Hofhandwerks, ferner das Überwiegen des »Lohnwerks« im Mittelalter in Verbindung mit dem langen Vorherrschen naturalwirtschaftlicher Zustände, sodann das Bannmeilenrecht der Städte, endlich der gewerbliche Hausfleiß des Bauern, welcher sein eigener Bäcker, Fleischer, selbst Müller war und Geräte, Kleider und Schuhwerk von seinen Angehörigen anfertigen ließ [3], die charakte-

[1] Sohm, Städtische Wirtschaft im 15. Jahrhundert. Jahrbücher für Nationalökonomie und Statistik, Bd. XXXIV, S. 259.

[2] Stieda, Artikel Zunftwesen im Handwörterbuch der Staatswissenschaften, 2. Aufl., VII, S. 1013.

[3] Inama-Sternegg III, 2. Teil, S. 13.

ristischen Züge des ländlichen gewerblichen Betriebssystems der Epoche bilden, Züge, welche von der Existenz eines Landhandwerks als selbständiger Einkommensquelle eine übertriebene Vorstellung nicht aufkommen lassen. Müller und Kossäten — diese Zusammenstellung kehrt immer wieder — wurden zuweilen wie in Brandenburg durch eine ergänzende Steuerart getroffen, zuweilen ist uns die Tatsache ihrer Heranziehung überliefert, ohne daß wir über die Form ihrer Besteuerung genauer unterrichtet sind. Wo gab es aber sonst noch persönliche Arbeit außerhalb der Grundherrschaften oder Bauerngüter?

Überall, wo wir auf eine neue Einkommensart zu stoßen scheinen, werden wir auf die Grundherrschaft oder auf die bäuerliche Gutswirtschaft zurückgewiesen. Aus ihren Produkten entsteht jedes Einkommen. Für diese Wirtschaftskörper scheint daher fast die physiokratische Lehre von der alleinigen Produktivität der Landwirtschaft zu gelten! Und man möchte versucht sein, für diese primitive Zeit die -- freilich nicht nach dem Reinertrage erhobene — Grundsteuer als »einzige Steuer« anzusehen, welche alle wirtschaftliche Leistungsfähigkeit erfaßte.

Eine Einschränkung müssen wir allerdings machen. Auch die rein-privatrechtlichen Renten gehören ja nach der Anschauung des Mittelalters zum immobilen Kapital, sie erwachsen ja aus dem Grund und Boden. Gleichwohl müssen sie die Leistungsfähigkeit differenzieren. Sie belasten den, der sie zahlt, sie vermehren die Einnahmen dessen, der sie empfängt. Und bei manchen »Käufen, bei Vergrößerungen des Besitzstandes, für Investitionen, zur Auszahlung von Erbteilen und Aussteuern«, wurden doch schon in unserer Periode Rentenkäufe nötig. Nach Inama-Sternegg (III, S. 406) betrug aber der Normalzinsfuß für solche Rentenkäufe, bei denen meist die Bauern Schuldner und Grundherren und Städte Gläubiger waren, 10 %. Eine Steuer, die auf solche Belastung keine Rücksicht nimmt, kann nach unseren Begriffen nicht vollkommen der Leistungsfähigkeit entsprechen. Bei der nach Hufen und Morgen umgelegten Steuer nun hören wir nirgends etwas über solche Rücksichtnahmen. Wenn wir uns indessen vergegenwärtigen, daß jene Steuer überhaupt eine rohe war, und daß anderseits der Kreditverkehr in jener Periode doch noch in den Anfängen begriffen war und große Verbreitung nicht haben konnte, so werden wir dennoch die Vorstellung festhalten können, daß unsere Steuer die Leistungsfähigkeit der Wirtschaftssubjekte im wesentlichen trifft.

Die Erscheinung, daß alle Einkommensquellen sich auf den Grund und Boden radizieren, tritt in den einzelnen Territorien wieder verschieden deutlich hervor. In Brandenburg z. B. bildet »der Zins« (d. h. Hufenzins) »das Vermögen und das Zahlmittel der reicheren Stände; zahlreiche Anweisungen (Verpfändungen) werden auf ihn gegeben«[1]. Weiter heißt es: »Niemand ist in jener Zeit vorwiegenden Ackerbaus ohne Hufenbesitz oder Hufenwirtschaft, auch der Kaufherr nicht. Man kann zu den in den Bedeverträgen genannten Personen noch die Pfarrer und überhaupt alle Geistlichen hinzufügen; denn auch deren Einkünfte bestehen vorwiegend in Grundzinsen, also in Hufenbesitz[2].« — Die Steuer, die sich nach diesem Grundzins bemaß, traf also fast alle Einkommensquellen.

Alles in allem können unsere Steuern im wesentlichen als auf die Erfassung aller Faktoren der wirtschaftlichen Leistungsfähigkeit gerichtet gelten, sofern wir sie nämlich als Abgaben auffassen, die den Ertrag der Landwirtschaft treffen wollen.

Meines Wissens hat man sich noch nicht die Mühe gegeben, die Frage allgemein zu erörtern, ob die Beden im Grunde nach dem Wert oder nach dem Ertrage der Objekte bemessen sind. Man bezeichnet sie entweder als »Grundsteuern«, »Grund- und Gebäudesteuern«, oder als »Vermögenssteuern« oder auch als Steuern »nach der Größe«, »nach der

[1] Merklinghaus a. a. O. S. 80.
[2] Merklinghaus a. a. O. S. 83.

Fläche«. Nur der Bearbeiter von Cleve-Mark, Niepmann, hat einmal kurz die Vermutung ausgesprochen, daß die ordentliche direkte Bede dieser Territorien den Ertrag habe treffen wollen und er hat diese Hypothese nur durch ein Argument begründet, das man aber für stichhaltig ansehen muß [1]. Der Name Vermögenssteuer sagt hier gar nichts aus; manche werden allerdings dem heutigen Sprachgebrauch entsprechend an eine nach dem Wert des Besitzes bemessene Steuer denken, wenn nicht gar an eine reelle Absorbierung von Vermögensteilen — sicherlich mit Unrecht. Die Bezeichnung, »Steuer nach der Größe« setzt vielleicht die Annahme voraus, es liege hier eine besondere dritte Bemessungsgrundlage vor, die weder mit der nach dem Werte noch mit der nach dem Ertrage übereinstimme. Abstrakt gedacht, ist das richtig. Indessen wollen wir eben untersuchen, ob nicht in unseren konkreten Fällen diese Steuerform vielleicht auf eins der beiden Prinzipien zu reduzieren ist. Es scheint mir nun, als ob die Hufensteuer insbesondere es auf den Ertrag der Grundstücke abgesehen habe [2]. Man kann nämlich für jene Zeit mit ihrer relativ extensiven Wirtschaft voraussetzen, daß Größe und Ertrag als ungefähr parallel gedacht wurden. Und wenn man bei aller Verschiedenheit der Hufenmaße annimmt, daß für denselben Ort, dieselbe Gemeinde die Größe der Hufe ziemlich konstant war [3], so würde jene Voraussetzung auf einen konstanten Ertrag der Hufe wenigstens für jeden Ort schließen lassen — wenn man nämlich von der Verschiedenheit der Bodenqualität absieht, die in diesem Falle immer noch das differenzierende Moment bilden kann. Daß die genannte Voraussetzung für moderne Begriffe etwas Bedenkliches hat, darf uns hier nicht stören,

[1] Vgl. Seite 42, Anm. 1.

[2] Es versteht sich von selbst, daß hier wie im folgenden unter Ertrag immer der Rohertrag gemeint ist.

[3] Artikel Ansiedelung im Handwörterbuch der Staatswissenschaften, 3. Aufl., I. Bd., 1908, S. 501.

handelt es sich doch um eine rohe Steuerart und eine frühe Epoche der Wirtschaftsgeschichte. Vielleicht war im Volksempfinden noch etwas von der ursprünglichen Bedeutung der Hufe zurückgeblieben, indem man die Vorstellung nicht ganz verloren hatte: Die Hufe kann eine Familie ernähren, sie hat einen so und so großen Ertrag. Daß die spätere Entwicklung der ländlichen Steuern fast überall zu solchen nach dem Rohertrage, selten aber zu Grundwertsteuern geführt hat, würde auch für unsere Deutung sprechen. Vollends spricht dafür die Büchersche Theorie, daß primitive Zeiten nicht den erst durch Abstraktion gefundenen Ertragswert, sondern die konkrete Erscheinungsform des Ertrages besteuerten. Auf dem platten Lande werden auch im 13. und 14. Jahrhundert in den meisten Teilen Deutschlands Käufe und Kaufpreise von Gütern nicht gerade eine häufige Erscheinung gewesen sein, anders dagegen Pachtzinse, die doch zu dem Ertrage in einem näheren Verhältnisse stehen müssen als jene. Endlich sprechen die geringen Ansätze einer Bonitierung, die wir oben aufgezählt haben, eher für eine Berücksichtigung des Ertrages, als des Kaufwertes. So, wenn man vielfach wüstes Land unbesteuert ließ [1], wenn man in Bayern auf die Art der Bewirtschaftung Rücksicht nahm. In Ländern wie Brandenburg, wo die Steuer sich genau nach dem Hufenzins bemißt, wissen wir freilich nicht, ob der Zins dem Rohertrage proportional war; doch liegt die Vermutung nahe. Übrigens möchte ich der hier vertretenen Ansicht größere Wahrscheinlichkeit dort zuschreiben, wo die Hufensteuer herrscht, während die Umlegung nach dem kleineren Größenmaßstabe des Morgens doch schon zweifelhafter erscheinen läßt, ob hier die Vorstellung des Ertrages geherrscht hat. Im Westen und Südwesten dürften auch Käufe von

[1] Die Ansicht, daß die rohe Hufensteuer nach dem Ertrage erhoben worden sei, hat meines Wissens nur Niepmann (S. 44) für die von ihm behandelten Länder Cleve und Mark ausgesprochen, indem er besonders auf den Fall einer Berücksichtigung des fehlenden Ertrages bei urbar zu machendem und brach liegendem Land hinwies.

Grundstücken viel häufiger gewesen sein, als in den anderen Teilen Deutschlands.

Die Argumente, die man gegen die vertretene Auffassung vorbringen könnte, scheinen mir wenig stichhaltig zu sein: 1. Die schon erwähnten, in den Urkunden vorkommenden Ausdrücke, jeder solle besteuert werden nach »vermugen, facultas« können über die Frage nichts aussagen, da sie den von uns in der Einleitung gekennzeichneten allgemeinsten Sinn eines Begriffs der Leistungsfähigkeit haben und sich auf Besitz wie Ertrag beziehen können. 2. Das Vorkommen einer Besteuerung des Grundbesitzes nach dem Geldwerte in einem Tiroler Dorfe (S. 28) beweist nichts gegen unsere Hypothese, weil dies Beispiel vereinzelt dasteht. 3. Wenn in den Städten nach den bisherigen Nachrichten die Ertragsbesteuerung gegenüber der nach dem Werte auch beim Grundbesitz die seltenere Form ist, so ist doch festzuhalten, daß die Entwicklung des Steuersystems hier überhaupt eine selbständige, ihre Faktoren andere waren. Häuser und bewegliches Vermögen spielten in den Städten eine ganz andere Rolle als auf dem Lande, wo der Grundbesitz bei weitem die wichtigste Form des Reichtums war. 4. Wenn die Steuer zur Reallast erstarrte, so ändert das nichts an unserer Auffassung ihrer ursprünglichen Idee.

Nehmen wir aber einmal an, der Wert des Besitzes habe als Bemessungsgrundlage gedient. Stellt die Steuer dann eine Erfassung der ganzen Leistungsfähigkeit dar? Viel weniger! Der Viehbesitz war frei, wenigstens durchgängig bei der ordentlichen Bede. Anderes landwirtschaftliches Betriebskapital wird bei den herrschenden Systemen der Drei-Felder-Wirtschaft und Weidewirtschaft allerdings keine namhafte Rolle gespielt haben. Häuser aber wurden selten besteuert. Wie stand es ferner mit Bargeld und anderer fahrender Habe, die schon manchmal bei den Bauern und noch mehr bei den Grundherren eine Rolle spielten? Diese Objekte, die den Besitz, die Leistungsfähigkeit, differenzieren mußten, überging unsere

Steuer [1]. Wenn man also von der Auffassung der Grundsteuer als einer nach dem Werte bemessenen ausgeht, muß man an ihrer »objektiven Allgemeinheit« erheblich zweifeln [2]. Gerade dann kann man sich nicht etwa mit dem vagen Hinweise begnügen, das mobile Kapital habe damals keine Rolle gespielt [3], deshalb sei die Grundsteuer für jene Zeit doch eine »Vermögenssteuer«. Ganz anders ist es mit der Beobachtung, der Grundbesitz repräsentiere im wesentlichen das produktive Kapital der Zeit [4]. Aber wenn man die Steuer als eine nur auf den ertraggebenden Besitz gerichtete auffaßt, so nähert man sich unserer Anschauung, ohne daß freilich meines Erachtens irgend ein Umstand dazu veranlaßt, hier an den Wert des ertraggebenden Besitzes zu denken.

Soweit die Steuern der Periode im allgemeinen. Die brandenburgische Bede geht — von unserem Gesichtspunkte

[1] Von der Nichtberücksichtigung der Erträgnisse der Wirtschaft, der Vorräte, soll hier nicht die Rede sein, da die letzteren, wie unten besprochen werden wird, das Bild der Leistungsfähigkeit eher zu verdunkeln geeignet sind (S. 88).

[2] Es wäre freilich eine petitio principii, wollten wir hierin einen Beweis für die Auffassung der Bede als einer auf den Ertrag gehenden Steuer sehen; denn ob sie von objektiver Allgemeinheit (vgl. S. 19) ist, das wollen wir ja erst feststellen, dürfen es also nicht voraussetzen!

[3] Etwas anders steht es mit der juristischen Anschauung, im mittelalterlichen Recht sei die Fahrhabe viel mehr als heute Zubehör des Grund und Bodens gewesen (z. B. Giercke, Genossenschaftsrecht II, 88). Sie ist zwar nicht in abstrakter Allgemeinheit aufrecht zu erhalten und ihre äußerste Konsequenz, nach der die Mobilia überhaupt keinen »Wert« besessen hätten, wird mit Recht als unannehmbar hingestellt (Heidenhain, Städtische Vermögenssteuern im Mittelalter, Leipziger Dissertation 1906, S. 28). Aber der richtige Kern dieser Anschauung sollte doch nicht verkannt werden. Die Beobachtung, daß die Mobilia auf dem platten Lande der Territorien steuerfrei waren, ist eine Stütze für jene Anschauung, mit der sich meines Erachtens die Auffassung der Hufensteuer als einer auf den Ertrag gerichteten besser vereinigen läßt als die Auffassung als Steuer nach dem Werte. Denn nicht, daß die Mobilien wertlos gewesen wären, ist das Richtige an jener juristischen Hypothese, sondern daß sie in gewissen Zeiten keinen namhaften selbständigen Wert gehabt hätten, daß sie Pertinenz des Grundbesitzes waren, als solche aber wohl ihre Rolle in der Wirtschaft spielten und auf den Ertrag von Einfluß waren.

[4] Z. B. Henning, Steuergeschichte von Köln, Diss. 1891, S. 12.

aus betrachtet — einen Schritt weiter als die meisten anderen, so weit wir sie aus dem vorhandenen Material erkennen können. Müller, Kossäten und andere Leute, die nicht wenigstens eine Hufe Land haben, müssen von ihrer in Geld abgeschätzten Fahrhabe proportionale Steuer zahlen [1]. Die Besteuerung der Mobilien tritt aber nur ergänzend ein. Das bewegliche Gut der Hufenbesitzer, d. h. der hauptsächlichen steuerzahlenden Klasse, bleibt frei. Wir haben hier das erste Beispiel eines »Alternativbegriffes«. Nicht unbewegliche und bewegliche Habe wird besteuert, sondern unbewegliche oder bewegliche Habe. Es kann dies nicht genug betont werden, denn die Darstellungen des Gegenstandes tragen dem nicht Rechnung [2].

[1] Vgl. S. 33.

[2] Kotelmann sagt (a. a. O. S. 424): »Die Idee, die der Bede zugrunde lag, war offenbar die einer allgemeinen Vermögenssteuer, welcher das bewegliche und(!) unbewegliche Eigentum sowie alle Klassen von Untertanen, Geistlichkeit, Adel, Städte, auch die, welche von der Hand in den Mund lebten, unterworfen sein sollten.« Auch Adolph Wagner stellt noch in der neuesten Auflage (Steuergeschichte 1910, S. 125) die Kotelmannsche Darstellung in den Vordergrund. Er charakterisiert dabei die Bede folgendermaßen: »Die ältere Landbede des 13. Jahrhunderts war auch in der Mark der Idee nach eine allgemeine Vermögenssteuer aller Volksklassen (Untertanen, Geistlichen, Adel, Städte, arme Leute) von unbeweglichem und beweglichem Vermögen« (S. 125). Wagner fügt jedoch hinzu: »Sonst wurde auf dem Lande der Charakter der Bede als Vermögenssteuer schon erheblich modifiziert, indem die Bede nach dem Zins geregelt wurde, der von der Bauernhufe an den Grundherrn zu zahlen war.« Etwas weiter unten endet er sein Résumé über die Städtesteuern mit dem Satze: »Doch wird die Regel dann auch (!) hier die eidliche allgemeine Vermögenssteuer« — wobei man an eine Steuer denkt, die Mobilia und Immobilia gleichmäßig erfaßt. Erst dann wird die Merklinghaussche Darstellung, die meines Erachtens allein dem Vergleich mit der obengenannten Urkunde (S. 24) standhalten kann, als etwas abweichend charakterisiert u. a. gesagt, daß nach ihr die Abgabe von der fahrenden Habe sich lediglich bei den homines communes finde, die weniger als eine Hufe besitzen. Von Heckel schreibt in seiner Finanzwissenschaft (1907 S. 401): »Die ältere brandenburgische Landbede des 13. Jahrhunderts war eine allgemeine Vermögenssteuer aller Volksklassen und traf den beweglichen und unbeweglichen Besitz.« An der Stelle, wo Heckel die Entwicklung von »allgemeinen Vermögenssteuern« zu mehr oder weniger geschlossenen Systemen von »Vermögensobjektsteuern« schildert (S. 219), stellt er die brandenburgische Entwicklung in eine Reihe unter anderen mit der von Württemberg und Österreich. (Hier ist Böhmen gemeint, wie aus den angegebenen Daten der Steuerentwicklung hervorgeht.) Es ist aber zu betonen, daß hier ganz andere Vermögenssteuern vorlagen, solche

Der Grund der alternativen Besteuerung aber ist der. Das am nächsten liegende Objekt der Besteuerung war in jener Zeit der Grundbesitz; daher diente er im allgemeinen, wie wir gesehen haben, als Maßstab der Abgaben. Wo aber der Grundbesitz so klein war, daß er in die übliche Hufenordnung nicht mehr hineinpaßte, oder wo gar keiner da war, da konnte auch die letztere nicht mehr als Bemessungsgrundlage dienen. Es wird nun auffallen, daß ein Teil des Wertes der Habe versteuert wurde. Beim Grundbesitz war es freilich auch nicht der Ertrag, sondern ein Prozentsatz vom Hufenzins, der als Steuer gezahlt wurde. Es ist aber anzunehmen, daß letzterer dem Ertrage eher parallel ist, als dem Wert des Grundbesitzes. Es herrscht daher ein gewisser Dualismus, indem die eine Vermögenskategorie des Alternativbegriffes einen dem Ertrag verwandten Maßstab, die andere den Wert zur Bemessungsgrundlage nimmt. Der Grund ist der, daß beim Grundbesitz der sichtbare Ertrag als das Primäre erscheint, während die sich etwas ansammelnde Fahrhabe im allgemeinen einen regelmäßigen Ertrag gar nicht abwirft, daher in ihrem Kapitalwert am besten zu treffen ist. Die Höhe der Steuer in beiden Fällen festzustellen, kann uns hier weniger interessieren, weil wir das wirkliche Einkommen aus der Hufe nicht kennen und daher hier keinen Vergleich ziehen können.

Auch in Bayern ging die Steuer über die rohe Hufenabgabe hinaus. Eine Viehsteuer kam zunächst vor im Jahre 1302, dann im Jahre 1322; damals wurde ein Pferd mit 20 Regensburger Pfennigen belegt, ein Rind mit 15, ein Schwein mit 4 usw. Diese Steuern nennt

---

mit dem Grundbegriff einer Reduzierung aller Güter auf die Einheit des Geldwertausdrucks. Und Brandenburg hatte den ältesten mittelalterlichen Begriff einer Steuer, nur etwas modifiziert durch die ergänzende Abgabe für Nichtlandbesitzer. In Böhmen und Württemberg war der Übergang zu Objektssteuern, wenn auch nicht technisch, so doch vom Gesichtspunkte der objektiven Allgemeinheit der Steuer ein Rückschritt, in Brandenburg war er eher ein Fortschritt, denn schon wenige der neuen Objektssteuern zusammengenommen, genügten, um den Kreis der Objekte bei der alten Bede zu ersetzen.

Hoffmann[1] »partikuläre« Vermögenssteuern, ein Ausdruck, der bei Annahme unserer Definition einen Widerspruch in sich enthält: Denn daß Vermögenssteuern wenigstens nach einer Richtung, sei es nun der des Besitzes oder des Erwerbs, auf die ganze Leistungsfähigkeit der wirtschaftenden Person gehen, ist ja ihr Charakteristikum. Das Vieh bildet aber nur einen kleinen Teil des Besitzes, der aus den oben aufgezählten Kategorien Grundbesitz, Vorräten, Geld und Fahrhabe besteht. Als Besitzsteuer aufgefaßt, ist daher die Viehbede in jener primitiven Zeit keine Steuer von objektiver Allgemeinheit, keine Vermögenssteuer. Etwas anders liegt es, wenn man auch hier an den Ertrag denkt. Dennoch bleibt es recht bedenklich, wenn man alsdann in der Viehzahl eine Erfassung der ganzen wirtschaftlichen Leistungsfähigkeit sehen wollte, weil die Voraussetzungen hierfür — nämlich gleichmäßige Verteilung des Viehstandes im Verhältnis zum Ertrage der ganzen Wirtschaft, ferner allgemeine Verbreitung der Feldgraswirtschaft und Ausscheiden jedes landwirtschaftlichen Betriebssystemes, bei dem die Viehhaltung Nebensache wäre — auch für Bayern im Mittelalter nicht als durchweg zutreffend angenommen werden können.' Solche Viehsteuern sind also in keinem Sinne Vermögenssteuern und wir brauchen uns daher nicht weiter mit ihnen zu befassen.

Die Ordnung der außerordentlichen Steuer von 1311 dagegen — wir entnehmen sie Hoffmann[2], der sie jedoch ungenügend charakterisiert — ist folgende: Die Güter der Edelleute und Pfaffen werden nach dem Rohertrag besteuert, indem für jeden Scheffel der verschiedenen Getreidearten feste Geldsätze vorgeschrieben sind. Schwaighöfe werden mit der Hälfte der zu Geld angeschlagenen Naturallieferung von Käsen herangezogen. Ferner verlangt die Steuer: »Vom Schwein das, was man davon zur Fronkost gibt, jene Leistung, die von den

---

[1] Hoffmann a. a. O. S. 6 und 10.

[2] Hoffmann a. a. O. S. 7 ff.

Untertanen als Fron zum Kasten der Herren zu liefern war«. Viertens nimmt die Steuer einen ganzen Herrenzins in Anspruch. In den drei letzten Fällen also wird die Steuer nicht nach dem ganzen Rohertrage bemessen, sondern nur nach der vorgeschriebenen Naturallieferung, resp. Abgabe an den Grundherrn. Immerhin sind diese Abgaben doch Teile des Rohertrages, und da ja auch im Falle der Getreidesteuer nicht der ganze Rohertrag getroffen werden soll, sondern nur als Bemessungsgrundlage dient, wird der Unterschied zwischen der Getreidesteuer und den drei anderen Fällen unwesentlich. Die Herrenzinssteuer bedeutet die Absorbierung einer ganzen Jahreseinnahme aus einer bestimmten Quelle; eine solche erscheint aber dem Mittelalter nicht als etwas so Ungeheuerliches wie uns. Die Steuer wäre nun konsequent nach dem Rohertrage bemessen, wenn nicht die Heranziehung der »Bauleute« nach dem Werte ihrer fahrenden Habe geschähe. Daß diese Klasse, die nicht selbständiges Grundeigentum besaß, nach der Fahrhabe, ihrem einzigen Eigentum besteuert wurde, erinnert an die Heranziehung der Nichthufenbesitzer in Brandenburg. Nur könnte es auch hier befremden, daß man nicht den Ertrag aufgesucht hat. Aber die Mobilia werden meist unproduktiv gewesen sein — an Leihkapital oder Handelskapital ist doch hier kaum zu denken. Daher also jener dualistische Alternativbegriff. Betreffs des für unsere Begriffe enormen Steuersatzes von 12½ % (1/8) für die Habe gilt dasselbe wie für die Herrenzinssteuer; abgesehen davon, daß es in solchen Fällen mit der wirklichen Ausführung oft nicht so genau genommen wurde, wie die Steuergeschichte vieler Länder zeigt. Insofern die Steuer alle Roherträge der Landwirtschaft zu treffen sucht, kann sie im allgemeinen als auf die volle Erfassung der wirtschaftlichen Leistungsfähigkeit gerichtet gelten [1].

[1] Die in den neunziger Jahren des 14. Jahrhunderts in Bayern vorkommenden Steuern (Hoffmann S. 10—14) gehören ihrem Charakter nach zu den Erscheinungen der nun folgenden Periode des Steuerwesens deutscher Territorien, wo wir sie

Résumé.

Welches sind die charakteristischen Züge des Steuerwesens der Epoche, von unserem Gesichtspunkte aus betrachtet? Die Steuer trifft den Grund und Boden, am liebsten nach dem Maßstab der Hufe, aber auch, besonders im Westen und in späterer Zeit, kurz da, wo die Wirtschaftsentwicklung relativ fortgeschritten ist, nach dem Morgenmaß. Die Hufensteuer will im Grunde den Ertrag der Güter treffen. Die Besteuerung von Häusern kommt nur ergänzend vor. Katen und Mühlen werden in einigen Territorien herangezogen. Von einer eigentlichen Bonitierung ist wenig zu merken.

Mobilia werden nur hier und da und nur ergänzend besteuert. Nur Alternativbegriffe finden sich. Dieses Bild dürfte sich auch dann nicht wesentlich ändern, wenn irgendeine Urkunde, die sich auf ein einzelnes Dorf oder selbst auf ein kleines Territorium bezöge, das Vorkommen einer allgemeinen Mobiliarbesteuerung in früherer Zeit bezeugte: Dies wäre vorläufig nur die »Ausnahme« des Mittelalters, welche die Regel bestätigte.

Nun findet sich in Bodmanns Rheingauischen Altertümern (1819, S. 784) eine Nachricht, daß laut Brief des Erzbischofs Konrads II. vom Jahre 1391 im ganzen Rheingau, auch in den Dörfern, alles Gut, auch die Fahrhabe, nichts ausgenommen, unter eidlicher Deklaration versteuert werden sollte. Auch in Bayern finden wir in den neunziger Jahren des 14. Jahrhunderts objektiv-allgemeine Steuern. Daß die Grenze daher nicht scharf zu ziehen ist, weil Steuern von 1390 usw. eigentlich noch in unsere Epoche (»bis 1400«) fallen, kann uns hier nicht berühren und kann an dem oben entworfenen Bilde

im Zusammenhang mit den ihnen verwandten Formen besprechen wollen. Wir glauben hierzu um so eher berechtigt zu sein, als die von uns gewählte Grenze »bis 1400« ja nur eine ungefähre sein soll, bei der wenige Jahre keine Rolle spielen.

nichts ändern. Die Geschichte kennt ja keine mathematisch scharfen Grenzen.

Eine etwas frühere Nachricht über das Vorkommen einer objektiv allgemeinen Steuer gegen Ende der Periode findet sich bei d'Elvert (S. 7), der aus Rieggers Materialien zur alten und neuen Statistik von Böhmen (3. Heft, 1787, S. 542) zitiert, woselbst wieder auf Pelzels Geschichte Karls IV. Bezug genommen wird. Dort wird berichtet[1], daß im Jahre 1375 in Böhmen eine Vermögenssteuer von der unbeweglichen und beweglichen Habe erhoben worden sei, auf Grund eigener Fassionen unter strengen Strafbestimmungen. Aber selbst die Zuverlässigkeit dieser Nachricht vorausgesetzt und selbst angenommen, daß hier auch die Mobilia auf dem Lande wirklich allgemein Steuerobjekt waren, so handelt es sich doch nur um eine vereinzelt dastehende Maßregel, um einen außerordentlichen Steuerversuch, der an dem oben entworfenen Bilde nichts ändern dürfte, überdies auch schon in die letzten Jahrzehnte unserer Periode fällt.

---

[1] Pelzel, Kaiser Karl IV, Bd. II, 1781, S. 887.

Zweiter Teil.

Die Steuern der deutschen Städte im Mittelalter.

Literaturverzeichnis.

Nicht aufgeführt sind Urkundenbücher, allgemeine Werke über Rechtsgeschichte und diejenigen Schriften über Städteverfassung, die nichts über unseren speziellen Gegenstand enthalten.

I. Allgemeinere Schriften, zugleich Ausgangspunkte für die Beschaffung der Literatur.

Bücher, Zwei mittelalterliche Steuerordnungen. Festschrift zum Historikertage 1894.

Gräser, Die Steuernatur des Geschosses. Eisleben 1853.

Haltaus, Glossarium germanicum medii aevi, 1758, bes. S. 1648.

Hartwig, Der Lübecker Schoß bis zur Reformationszeit. Staats- und sozialwissenschaftliche Forschungen 1903.

E. Heidenhain, Städtische Vermögenssteuern im Mittelalter. Leipziger Dissertation 1906.

H. K. Lang, Historische Entwicklung der teutschen Steuerverfassungen. Berlin 1793.

G. L. von Maurer, Geschichte der Städteverfassung in Deutschland, II. Bd., 1870.

von Myrbach, Die Besteuerung der Gebäude und Wohnungen in Österreich. Zeitschrift für die gesamte Staatswissenschaft 1884, S. 546.

[Schön, Die Reichssteuer der schwäbischen Reichsstädte Eßlingen, Reutlingen und Rottweil. Mitt. d. Inst. f. österr. Geschichtsforsch. 17.]

G. von Schönberg, Finanzverhältnisse der Stadt Basel im 14. und 15. Jahrhundert, Tübingen 1879, besonders in den Anmerkungen.

W. Stieda, Städtische Finanzen im Mittelalter. Jahrbücher für Nationalökonomie und Statistik, 1899.

Ortloff, Jahrrente und Geschoß. Archiv staatswissenschaftlicher Abhandlungen. Lübeck 1863.

II. Spezielle Schriften.

Für die in seltener zitierten und weniger bekannten, allgemeineren Werken wie Gräser, enthaltenen Steuerordnungen haben wir unter den einzelnen Städten diese Quellen aufgeführt. Für die bei Schönberg abgedruckten Steuerordnungen dagegen haben wir meist nur die Urquellen bei den einzelnen Städten genannt, wollen aber nicht verfehlen, hier auf jene nützliche Zusammenstellung dieser interessanten Ordnungen besonders hinzuweisen, auf die wir uns auch im Text öfter berufen werden. — Die in Klammern gesetzten Werke beziehen sich auf die neuere Zeit.

Deutsche Städte.

Alzey. Mone, Über das Steuerwesen vom 14. bis 18. Jahrhundert. Zeitschrift für die Geschichte des Oberrheins VI, 1855. S. 21.

— — Dieselbe Zeitschrift VIII, S. 406.

Augsburg. Hartung, Die Augsburger Zuschlagssteuer von 1475. Jahrbuch für Gesetzgebung und Verwaltung 1895.

— — Die Augsburger Vermögenssteuer und die Entwicklung der Besitzverhältnisse im XVI. Jahrhundert. Jahrbuch für Gesetzgebung und Verwaltung 1895.

— — Die Belastung des Augsburger Großkapitals durch die Vermögenssteuer des 16. Jahrhunderts. Jahrbuch für Gesetzgebung und Verwaltung 1895.

— — Die direkten Steuern und die Vermögensentwicklung in Augsburg von der Mitte des 16 bis zur Mitte des 18. Jahrhunderts. Jahrbuch für Gesetzgebung und Verwaltung 1898.

— Christian Meyer, Das Stadtbuch von Augsburg 1872.

— — Der Haushalt einer deutschen Stadt im Mittelalter. Vierteljahrsschrift für Volkswirtschaft, Bd. 103, 1889.

— — Beiträge zur ältesten Verfassungsgeschichte von Augsburg 1904.

— P. von Stetten, Geschichte der heiligen römischen Reichsstadt Augspurg 1743.

Bamberg. J. B. Mayer, Versuch einer Abhandlung über Steuern und Abgaben im allgemeinen und dann vorzüglich im Hochstifte Bamberg. Bamberg 1795.

Basel. Harms, Die Steuern und Anleihen im öffentlichen Haushalt der Stadt Basel 1361—1500. Tübinger Zeitschrift 1907.

— Peter Ochs, Geschichte der Stadt und Landschaft Basel 1792.

— von Schönberg s. S. 53.

Bern. Schindler, Finanzwesen und Bevölkerung der Stadt Bern. Zeitschrift für Schweizer Statistik 1900, II, 173.

Braunschweig. Dürre, Geschichte der Stadt Braunschweig im Mittelalter. Braunschweig 1861.

— H. Mack, Die Finanzverwaltung der Stadt Braunschweig bis zum Jahre 1374. Untersuchungen zur deutschen Staats- und Rechtsgeschichte von Gierke, XXXII, 1889

Bremen. Fitger, Die Finanzen Bremens. Finanzarchiv I, S. 240.

Dinkelsbühl. Zeitschrift für deutsches Altertum von Haupt VII, Leipzig 1849, S. 99.

Dortmund. Rübel, Dortmunder Finanz- und Steuerwesen, I. Bd., 1892.

Dresden. Otto Richter, Verfassungs- und Verwaltungsgeschichte der Stadt Dresden. Dresden 1891.

Duderstadt. Julius Jaeger. Duderstadt gegen Ende des Mittelalters. Hildesheim 1886.

Duisburg. Beiträge zur Geschichte der Stadt Duisburg. Veröffentlicht durch die historische Kommission der Stadt Duisburg 1883, Heft 2.

Eisenach. Der stadt Eyssenach wilkore. Das Rechtsbuch Johannes Purgoldts, herausgegeben von Ortloff, Sammlung deutscher Rechtsquellen II. Jena 1860.

Erfurt. W. Horn, Erfurts Stadtverfassung und Stadtwirtschaft. Sammlung nationalökonom. Abhandlgn. d. staatswiss. Seminars zu Halle, Jena 1904.

Eßlingen. Adolf Diehl, Zur Verfassungs- und Finanzgeschichte der Reichsstadt Eßlingen im 13. und 14. Jahrhundert. Württembergische Jahrbücher für Statistik und Landeskunde 1900.

— Pfaff, Geschichte der Reichsstadt Eßlingen 1840.

Frankfurt. F. R. Bothe, Die Entwicklung der direkten Besteuerung in der Reichsstadt Frankfurt bis zur Revolution 1612 – 1614. Staats- und sozialwissenschaftliche Forschungen 1906.

— Bücher, Zwei mittelalterliche Steuerordnnngen. Festschrift zum Leipziger Historikertage 1894.

— Kriegk, Frankfurter Bürgerzwiste und Zustände im Mittelalter 1861.

— J. Römer-Büchner, Die Entwicklung der Stadtverfassung und der Bürgervereine der Stadt Frankfurt 1855.

Freiberg. Gräser (s. S. 53) S. 196.

Freiburg (Schweiz). Buomberger, Bevölkerungs- und Vermögensstatistik in der Stadt und Landschaft Freiburg um die Mitte des 15. Jahrhunderts. Freiburger Dissertation. Bern 1900.

Goslar. Max Konrad, Die Entwicklung des Schosses in der freien Reichsstadt Goslar a. H. bis zu seiner Aufhebung im Jahre 1808. Jahrbücher für Nationalökonomie und Statistik 1909.

Göttingen. Havemann, Der Haushalt der Stadt Göttingen am Ende des 14. Jahrhunderts. Zeitschrift des historischen Vereins für Niedersachsen, Jahrgang 1857 (1859 erschienen).

Haigerloch. Württemb. Jahrb. f. vaterl. Geschichte, Geogr., Statistik usw. 1837.

Hall (Schwaben). Fromlet, Die unter dem Namen der Bethe in der Reichsstadt Schwäbisch-Hall erhobene Vermögenssteuer. Württemb. Jahrbücher für Statistik und Landeskunde 1901.

Halberstadt. W. Varges, Verfassungsgeschichte der Stadt Halberstadt im Mittelalter. Zeitschrift des Harzvereins, Bd. 29, S. 463.

Halle. J. C. von Dreyhaupt, Pagus Neletici et Nudzici oder Ausführl. Beschreibung des Saalkreises, Halle 1750, II.

— Haltaus, Glossarium germanicum medii aevi, S. 282 und 1648.

Hamburg. K. Koppmann, Kämmereirechnungen der Stadt Hamburg. Bd. I, Einleitung.

— J. G. Gallois, Geschichte der Stadt Hamburg. Hamburg 1853.

— R. Usinger, Der Haushalt der Stadt Hamburg im 14. Jahrhundert. Sybels historische Zeitschrift 1870.

Hannover. Ulrich, Bilder aus Hannovers Vergangenheit. Hannover 1891.

Heidelberg. K. Christ, Das Steuerwesen von Kurpfalz im Mittelalter. — Neues Archiv für die Geschichte der Stadt Heidelberg. III, S. 200.

Hildesheim. Richard Doebner, Hildesheimische Stadtrechnungen. Hildesheim 1893, II. Bd., Einleitung.

— P. Huber, Der Haushalt der Stadt Hildesheim am Ende des 14. und in der ersten Hälfte des 15. Jahrhunderts. Volkswirtschaftliche und wirtschaftsgeschichtliche Abhandlungen (Stieda) 1901.

Höxter. Wigand, Denkwürdige Beiträge für Geschichte und Rechtsaltertümer. Leipzig 1858.

Köln. Ennen, Geschichte der Stadt Köln 1863—1865.
— Henning, Steuergeschichte von Köln bis 1370. Leipziger Dissertation 1891.
— Höniger, Annalen für die Geschichte des Niederrheins, Bd. 47.
— Knipping, Die Kölner Stadtrechnungen des Mittelalters. Publikationen der Gesellschaft für rheinische Geschichtskunde 1897.
— F. Lau, Entwicklung der kommunalen Verfassung und Verwaltung der Stadt Köln. Köln 1898.
— J. Walter, Das alte Erzstift und die Reichsstadt Köln. Bonn 1866.
Konstanz. Beyerle, Zur Verfassungsgeschichte der Stadt Konstanz. Schriften des Vereins für Geschichte des Bodensees 26. 1897.
Leipzig. J. Wustmann, Quellen zur Geschichte Leipzigs. Leipzig 1889.
Leitmeritz. J. Lippert, Geschichte der Stadt Leitmeritz 1871.
Limburg. Metzen, Die Finanzverwaltung der Stadt Limburg a. Lahn. Limburg 1907.
Lübeck. J. Hartwig, s. S. 53.
Magdeburg (zugleich Bistum). Bielfeld, Geschichte des magdeburgischen Steuerwesens von der Reformationszeit bis ins 18. Jahrhundert. Staats- und sozialwissenschaftliche Forschungen 1888.
Mainz. Hegel, Städtechroniken, 18. Bd., II. Abt., S. 99.
— Hegel, Verfassungsgeschichte von Mainz.
Meißen. Richter, Zur Bevölkerungs- und Vermögensstatistik Meißens im Jahre 1481. Mitteilungen des Vereins f. d. Gesch. d. Stadt Meißen 1882.
Memmingen. Rechtsbuch der Stadt Memmingen. Freyberg, Sammlung histor. Urkunden V, S. 297.
— E. Rohling, Die Reichsstadt Memmingen 1864.
Mühlhausen i. Th. B. Chr. Graßhof, De originibus atque antiquitatibus Muhlhusae Thuring. 1749.
München. Auer, Das Stadtrecht von München, 1840.
[— Johann Paul Harl, Beitrag zur Geschichte des teutschen Steuerwesens im Anfang des 17. Jahrhunderts oder Steuerordnung einer teutschen Hauptstadt vom Jahre 1606 — ein Programm . . . der allgemeinen kameralistischen ökonom. Sozietät. Erlangen 1812.]
[— W. Troeltsch, Beiträge zur Finanzgeschichte Münchens in der zweiten Hälfte des 18. Jahrhunderts. Finanzarchiv 1890.]
Münden. Willigerod, Geschichte von Münden 1803.
Naumburg. Gräser (s. S. 53). S. 200.
Nordhausen. K. Schröter, Die Steuern der Stadt Nordhausen. Sammlung Abhandl. d. staatswissenschaftl. Seminars zu Halle, Jena 1904.
Nördlingen. F. Dorner, Die Steuern Nördlingens zu Ausgang des Mittelalters. Münchener Dissertation. Nürnberg 1905.
Nürnberg. [S. Bing, Die Entwicklung des Nürnberger Stadthaushaltes von 1806—1906. Wirtschafts- und Verwaltungsstudien, herausgegeben von Schanz 1908.]
— Hegel, Städtechroniken, Nürnberg I. Leipzig 1862.
[— Johannes Müller, Die Finanzpolitik des Nürnberger Rates in der zweiten Hälfte des 16. Jahrhunderts. Vierteljahrsschrift für Sozial- und Wirtschaftsgeschichte 1909.]

Nürnberg. P. Sander, Die reichsstädtische Haushaltung Nürnbergs von 1431 bis 1440. Leipzig 1902.

Osnabrück. Stüve, Das Finanzwesen der Stadt Osnabrück bis zum 30jährigen Kriege. Mitteilungen des histor. Ver. f. Osnabrück 1878.

[— Sunder, Das Finanzwesen der Stadt Osnabrück von 1648—1900. Sammlung Abhandl. d. staatswissenschaftl. Seminars zu Halle, Jena 1904.]

Pforzheim. Gothein, Pforzheims Vergangenheit. Staats- und sozialwissenschaftliche Forschungen 1889.

Regensburg. von Freyberg, Sammlung histor. Urkunden V. Bd. 103.

— C. T. Gemeiner, Regensburgische Chronik, Bd. 1—3, 1800—1821.

— — Über den Ursprung der Stadt Regensburg, 1817.

Rostock. Koppmann, Beiträge zur Geschichte der Stadt Rostock II, 3.

— H. Paasche, Die städtische Bevölkerung früherer Jahrhunderte. Jahrbücher für Nationalökonomie und Statistik, Bd. 39.

— Stieda, Städtische Finanzen im Mittelalter. S. S. 54.

Rotenburg. Bensen, Historische Untersuchungen über die ehemalige Reichsstadt Rotenburg 1837.

Soest. Karl H. Lang, Historische Entwicklung der teutschen Steuerverfassungen, S. 137.

Speyer. Lehmann, Chronica, 3. Aufl., 1698.

— Arnold, Verfassungsgeschichte der deutschen Freistädte II, S. 265 ff.

Straßburg. Hegel, Städtechroniken IX, S. 959.

— Eheberg, Verfassungs-, Verwaltungs- und Wirtschaftsgeschichte der Stadt Straßburg I, 1899.

Stuttgart. A. Rapp, Verfassung und Verwaltung Stuttgarts bis um 1500. Württemb. Jahrbücher für Statistik und Landeskunde 1909.

Überlingen. Friedrich Schäfer, Wirtschafts- und Finanzgeschichte der Reichsstadt Überlingen von 1550—1628. Untersuchung zur deutschen Staats- und Rechtsgeschichte von Gierke, 44. Heft. Breslau 1893.

Ulm. A. Kölle, Die Vermögenssteuer der Reichsstadt Ulm vom Jahre 1709. Stuttgart 1898.

Weimar. G. Hertzer, Die Finanzwirtschaft der Stadt Weimar und ihre Entwicklung. Hallesche Dissertation 1907.

Wimpffen. Frohnhäuser, Geschichte der Reichsstadt Wimpffen. Darmstadt 1870.

Wismar. Techen, Die Bürgersprachen der Stadt Wismar. Hans. Geschichtsquellen, N. F. III. Leipzig 1906.

Worms. Boos, Monumenta Wormatensia, III. Bd., 1893.

— — Geschichte der rheinischen Städtekultur, 3. Bd., 1899.

Würzburg. Gramich, Verfassung und Verwaltung der Stadt Würzburg vom 13. bis 15. Jahrhundert. Würzburg 1882.

Zerbst. Becker, Der Haushalt der Stadt Zerbst von 1460 bis 1510. Tübinger Dissertation 1905/06.

Zürich. Keller-Escher, Das Steuerwesen der Stadt Zürich im XIII., XIV. und XV. Jahrhundert, Neujahrsblatt zum Besten des Waisenhauses in Zürich für 1904.

— — Schanz, Die Steuern der Schweiz II, 1890, S. 372.

Vorbemerkung.

Schon das im Jahre 1853 erschienene und mit Unrecht fast in Vergessenheit geratene Werk des Pastors Gräser, »Die Steuernatur des Geschosses«, das einen praktischen Zweck verfolgt, bringt viel brauchbares Material über die Städtesteuern und enthält trotz mancher heute erkennbaren Irrtümer beachtenswerte große Gesichtspunkte. Maurers berühmte Geschichte der Städteverfassung und Zeumers grundlegendes Werk über die deutschen Städtesteuern im 12. und 13. Jahrhundert berücksichtigen bereits bis zu einem gewissen Grade die uns hier interessierenden Gesichtspunkte. Das letztere ist in noch höherem Maße der Fall bei Hartwigs Abhandlung über den Lübecker Schoß, welche in dankenswerter Weise eine Fülle von Material aus anderen Städten in übersichtlicher Anordnung heranzieht. Das kritische Interesse an den Steuerbegriffen der deutschen Städte im Mittelalter tritt wohl am meisten in den Vordergrund in der Arbeit von Heidenhain vom Jahre 1906. Diese äußerst scharfsinnige Abhandlung berücksichtigt zwar das in bis dahin erschienenen Monographien über Steuern, Finanzen und Verfassung der Städte und das in den genannten allgemeineren Werken enthaltene Material nicht vollständig, während inzwischen schon wieder manches Neue veröffentlicht worden ist, doch sind die darin enthaltenen Deduktionen so ausführlich und zum Teil so befriedigend, daß ich höchstens eine Vermehrung der Beispiele liefern könnte und mich daher betreffs dieser Punkte auf ein kurzes Résumé beschränken werde. Übrigens war es wohl auch kaum die Absicht dieses Autors, das vorhandene Material vollständig zu verwenden, da es ihm hauptsächlich auf die Erörterung einiger von Bücher angeregter Fragen ankam, wie denn Bücher überhaupt durch seinen schon öfter angezogenen Aufsatz »Zwei mittelalterliche Steuerordnungen« erst auf die wichtigsten Probleme dieses Gebietes hingewiesen hat. Eine übersichtliche Darstellung der Probleme des mittelalterlichen städtischen Finanzwesens sowie eine Erörterung einzelner steuergeschichtlicher Fragen findet sich in Stiedas 1899 erschienenem Aufsatz: »Städtische Finanzen im Mittelalter«, auf den eine von allgemeineren Gesichtspunkten ausgehende Abhandlung ebenfalls öfter zurückkommen muß.

Quellen für das in diesem Teile zu behandelnde Gebiet sind in erster Linie die Steuerordnungen der Städte. Sie treten besonders seit dem Ende des 13. Jahrhunderts auf. Diese Steuerordnungen sind in den vorn genannten Werken in mehr oder minder großer Ausführlichkeit aufgeführt und verarbeitet.

Für die älteste Periode bis zur zweiten Hälfte des 13. Jahrhunderts sind wir zunächst auf die Werke von Gräser, Zeumer und Maurer angewiesen, dann auf die Urkunden, die in den genannten speziellen Werken zitiert werden. Endlich hat der Verfasser auch die Urkunden der märkischen Städte in Riedels Codex Diplomaticus Brandenburgensis, Serie A., ferner die Urkundenbücher einiger anderer Städte, die im Text Erwähnung finden werden, selbständig durchgesehen.

Wie im ersten Teil, so bildet auch hier nur die Frage der objektiven Steuerpflicht den Gegenstand unserer Betrachtungen. Von den anderen Problemen, insbesondere von dem der Einschätzung, wird nach Möglichkeit abstrahiert.

Einleitung zum zweiten Teil.

Anfangs waren die direkten Steuern der Städte wohl nichts anderes als der auf die Städte entfallende Teil der allgemeinen landesherrlichen oder königlichen Steuern. (Zeumer S. 18, 36, 94, 96), Das schließt meines Erachtens nicht aus, daß die Entwicklung dieser Steuern in den Städten eine andere gewesen sein kann, als auf dem Lande, weil dort naturgemäß die Häuser und später das mobile Kapital als Besteuerungsobjekte mehr in den Vordergrund traten. Bald aber äußerten sich, hier früher und dort später, auch die eigenen Bedürfnisse der Städte bestimmend (Zeumer S. 97). Es wurden daher von der Stadt direkte Steuern für eigene Zwecke erhoben. Auch kommen wohl Mischformen und Übergänge vor. So können die Überschüsse einer zu landesherrlichen Zwecken umgelegten Steuer für die Gemeinde verwandt werden (Zeumer S. 98). Ferner kann nach Aufhören oder Ablösung der landesherrlichen Bedepflicht die gewohnte Umlage beibehalten, ihr Ertrag aber zu Gemeindezwecken benutzt werden (S. 98). Diese Verhältnisse mögen oft sehr kompliziert gewesen sein. Die eigenen Ausgaben der Städte werden besonders gern durch indirekte Steuern (Ungelder) gedeckt. Wenn von Myrbach aber bezweifelt (S. 576), daß das deutsche Mittelalter direkte Steuern für die eigenen Bedürfnisse der Städte gekannt habe, so ist das eine etwas gewagte Verallgemeinerung der Ergebnisse seiner Untersuchungen über Österreich[1]. Für uns tritt das Interesse an jener Unterscheidung eigener und anderer städtischer Steuern zurück hinter der Betrachtung des objektiven Charakters der Steuerbegriffe an sich. Wir möchten es einer anderen Untersuchung überlassen, festzustellen, ob jene Unterscheidung für die objektive Entwicklung im einzelnen erkennbare Folgen gehabt hat.

Was die subjektive Steuerpflicht betrifft, so müßte eine vollständige Zusammenstellung der bis heute bekannten Daten für die einzelnen Städte allein mehrere Bände ausfüllen, könnte aber bei der großen Verschiedenheit der lokalen Verhältnisse und bei der Rolle, die der Zufall historischer Einzelbegebenheiten auf diesem Gebiet gespielt hat, schwerlich in ein einigermaßen übersichtliches System gebracht werden[2]. Wenn wir auch

[1] Man vergleiche z. B. die Stellen, die das eigene Bedürfnis der Städte als Steuergrund hervorheben, bei Gierke, Genossenschaftsrecht II, S. 698, Anm. 47.

[2] Von den bisherigen Zusammenfassungen ist wohl am ausführlichsten die bei Maurer II, S. 767—772, 781—797, 861—875.

hier von der subjektiven Steuerpflicht möglichst abstrahieren wollen, so leuchtet doch ein, daß ohne eine allgemeine Vorstellung davon unsere Betrachtungen in der Luft schweben würden. Unsere Voraussetzung soll daher, entsprechend dem heutigen Stande unserer Kenntnis der persönlichen Steuerpflicht, folgende sein: Steuerpflichtig sind im allgemeinen die Bürger der Stadt. Ursprünglich sind das nur die Grundbesitzer. (Maurer II. S. 195, 767, 779ff.). Jedoch sind zuweilen auch schon im 13. Jahrhundert Beisassen steuerpflichtig; in vielen Städten gilt als Grundsatz nämlich die Steuerpflicht aller Handeltreibenden (Maurer S. 870, Zeumer S. 73ff.). In späterer Zeit sind meist alle Einwohner steuerpflichtig. Zeitgrenzen lassen sich allgemein nicht angeben; die Entwicklung ist sehr verschieden. Die untersten Klassen werden oft von besonderen Steuerformen getroffen, auf die wir noch eingehen werden. Adel und Geistlichkeit sind bald steuerpflichtig, bald frei; eine Regel kann hier nicht aufgestellt werden, weil die Zahl der generellen und individuellen Exemtionen die Sache zu sehr kompliziert.

Die Frage, wie weit die städtischen direkten Steuern des Mittelalters Personal- oder Realsteuern sind, – statt Realsteuern sagen wir zur Vermeidung von Mißverständnissen lieber Objektsteuern — ist noch nicht entschieden. Maurer geht davon aus (S. 851), die städtischen Steuern seien ursprünglich wahre Grundsteuern gewesen, die auf dem Grund und Boden lasteten. Später seien sie auf das übrige Vermögen ausgedehnt, oder es sei von jedem Bürger eine bestimmte Abgabe erhoben worden. Zeumer dagegen (S. 85) hält die Steuer ursprünglich für eine rein persönliche Last. Von Südwestdeutschland ausgehend, schildert Kölle[1] wie der Übergang zu eigentlichen Objektsteuern sich vielfach erst in der Neuzeit vollzieht. Myrbach endlich (S. 562ff.) hat darauf hingewiesen, daß dieser

[1] Zur Entstehung der Ertrags- und Katastersteuern in den deutschen Staaten Finanzarchiv 1899, S. 1.

Übergang in den österreichischen Städten schon Anfang des 14. Jahrhunderts begann.

Für die älteste Zeit dürfte die Frage meines Erachtens bei dem Mangel an Material über das Steuerwesen kaum zu entscheiden sein. Hartwigs Argument, die bekannte Immobiliargesetzgebung der Städte, die im 13. Jahrhundert beginnt, wäre überflüssig gewesen, wenn Objektsteuerprinzip geherrscht hätte, hat zweifellos etwas Bestechendes. Ich werde aber unten zeigen, daß es doch nicht allgemein gilt. Man darf übrigens auch nicht außer Acht lassen, daß die zeitliche Entwicklung eine sehr verschiedene war, indem der Übergang zu Objektsteuern sich in manchen österreichischen Städten im 14. Jahrhundert, in Ulm im 18. Jahrhundert, in anderen Städten wieder gar nicht vollzog. Ja, ich möchte noch einen Schritt weiter gehen und die Vermutung aussprechen, daß ebenso wie die modernen Kategorien Vermögenssteuer und Einkommensteuer im Mittelalter oft nicht anwendbar sind, sondern scheinbar nur in den wunderlichsten Kombinationen sich zeigen, ebenso auch noch im späteren Mittelalter Personalsteuerprinzip und Objektsteuerprinzip zuweilen nicht scharf geschieden waren.

In Halberstadt — vgl. Varges (S. 60) — sind nach der Ordnung von 1380[1] Bürger und andere Einwohner steuerpflichtig, dagegen Geistliche, Edelleute und ihr Gesinde steuerfrei. Wir haben ferner ein Verbot der Verleihung von Immobilien und Renten an Geistliche, das nach Hartwigs erwähnter Ansicht überflüssig wäre, wenn eine Objektbesteuerung existiert hätte, weil alsdann die Güter und Renten auf jeden Fall auch bei Verleihung an Geistliche in der Steuer geblieben wären. Verwandt sind die Bestimmungen, daß bei dem Übergange gewisser eximierter Häuser an steuerpflichtige Stadtbewohner wieder Steuerpflicht eintritt[2]. Ferner finden wir im 14. Jahr-

[1] Urkundenbuch I, S. 481, Nr. 594.

[2] Urkundenbuch I, S. 372 — vom Jahre 1345. Urkundenbuch , S. 409 — vom Jahre 1360.

hundert in Halberstadt Befreiungen einzelner Personen [1]. Alles das spricht deutlich für eine personale Steuerpflicht. Gleichwohl sind schon früher einzelne Häuser und Höfe als solche von der Steuer befreit, nicht bloß so lange sie etwa in geistlichen Händen bleiben, sondern allgemein, ausdrücklich für immer, wer auch der Inhaber sei [2]. Vor allem aber spricht die Ordnung von 1380 immer von »vrien hoven«, wie von einer ganzen Gattung von Häusern. Auch in vielen anderen Städten kommen »Freihäuser« vor, und wenn diese Bezeichnung sich freilich nicht immer allein auf Steuerfreiheit [3], sondern auf Freiheit von den bürgerlichen Lasten überhaupt bezieht, wenn somit einzelne Häuser gänzlich dem Stadtrechte entzogen sind [4], so herrscht doch alsdann bis zu einem gewissen Grade Objektsteuerprinzip. Wenn es aber in der Halberstädter Ordnung von 1380 heißt: Leute, die auf Freigütern sitzen und Handel treiben, sollen immer nur nach der letzteren Tätigkeit, nicht nach dem Grundbesitz besteuert werden [5], so widerspricht das keineswegs dem Objektsteuerprinzip mit bezug auf die Häuser, ja es entspricht ihm durchaus, nur kann man auf die Vermutung kommen, diese Bestimmungen wären überflüssig gewesen, wenn der Begriff der Freihöfe als klarer und exakter Realsteuerbegriff bekannt gewesen wäre. Wir werden daher kaum eine andere Lösung finden, als die Annahme, daß die Halberstädter Steuer weder reine Personalsteuer, noch reine Objektsteuer war, eine Annahme, die vielleicht noch für manche anderen Städte zutreffen dürfte.

So treffen wir in den Befreiungsurkunden in märkischen

---

[1] Urkundenbuch I, S. 485, Nr. 597.

[2] Urkundenbuch I, S. 51, Nr. 46 — vom Jahre 1241. Urkundenbuch I, S. 376, Nr. 480 — vom Jahre 1348.

[3] von Maurer a. a. O. II, S. 790: Hier handelt es sich um ursprünglich geistlichen Besitz, und insofern spielt auch das Personalsteuerprinzip herein.

[4] So nach einem Magdeburger Weistum des 15. Jahrhunderts bei Riedel, A. XX, S. 447.

[5] So scheint es in den österreichischen Städten schon im 14. Jahrhundert allgemein gewesen zu sein (von Myrbach S. 569 ff.).

Städten zuweilen eine Klausel, wonach das Haus nur für den augenblicklichen Inhaber persönlich befreit wird; wenn er es aber verkaufe oder verleihe, müsse es versteuert werden (z. B. Riedel A XIV, 198). Soweit herrscht also Personalsteuerprinzip. Daneben kommen aber Stellen vor, die auf eine Realsteuer hinweisen (A XIV S. 13 und andere).

Es ist hier eben überall zu beachten, daß nicht prinzipielle Erwägungen über die Natur der Steuern, sondern beständige Kämpfe zwischen Stadt, Adel und Geistlichkeit, zwischen Steuerbehörde und Privilegierten als entscheidende Faktoren gewirkt haben. –

Wenn auch nicht geleugnet werden soll, daß die Epoche »Mittelalter« nicht scharf abzugrenzen ist und daß bei der Verschiedenheit im Tempo der Entwicklung die Erscheinungen der Steuergeschichte des 18. Jahrhunderts an einzelnen Orten noch deutlich in dieselbe Kategorie gehören, wie anderswo die Phänomene des 14. und 15. Jahrhunderts, so wollen wir doch hier als Zeitgrenze das erste Viertel des 16. Jahrhunderts ziemlich streng einhalten, zumal es scheint, als ob die interessanteste Epoche der Städtesteuern damit fast durchgängig abgeschlossen sei; die spätere Entwicklung soll dann in einem anderen Abschnitte erörtert werden. Während in diesem Teile die Entwicklung zum einheitlichen Vermögensbegriffe der Steuern auf Mobilia und Immobilia und zu verwandten Formen geschildert wird, soll in jenem späteren Abschnitte die Herrschaft der genannten Vermögenssteuerbegriffe und ihre Revolutionierung durch das Entstehen neuer, eigenartiger Begriffsphänomene und die Entwicklung des Einkommensbegriffs verfolgt werden.

Immobiliarsteuern.

»Ab antiquis temporibus non dabatur schoss nisi ex fundis et aedificiis« sagt Haltaus (S. 1647). »Die städtischen Steuern waren ursprünglich auf dem Grund und Boden lastende Abgaben, also wahre Grundsteuern«, erklärt Maurer (II, 851). »Es dürfte sich als unzweifelhaft ergeben, daß der Grundbesitz als die wesentlichste Basis für die Verteilung der Lasten galt« sagt Zeumer (S. 86).

Die Steuern in den Städten waren anfangs Immobiliarsteuern; dieser Satz erscheint vielen unzweifelhaft. Er stimmt überein mit einer verfassungsgeschichtlichen Theorie: »Alle Verbindlichkeiten der Bürger ruhten auf dem Besitze von Grund und Boden, eigentlich auf dem Besitze eines Hauses und Hofes in der Stadt (Maurer II, S. 778), ebenso alle bürgerlichen Rechte (S. 780). Die Steuern ruhten auf dem Bürgerrecht (S. 869). Die Steuern ruhten auf dem Grund und Boden (S. 779).« Jener Satz läßt sich auch deduktiv aus der Wirtschaftsgeschichte ableiten: In den Anfängen war der Charakter der Städte noch ein ländlicher, Immobiliarbesitz die wesentlichste Einnahmequelle. Jener Satz stimmt überein — sofern eine solche Parallele für die älteste Periode einmal erlaubt ist — mit der Steuergeschichte des platten Landes, der Territorien und anderer Länder (England). Er stimmt endlich überein mit derjenigen rechtsgeschichtlichen Theorie, nach welcher in älterer Zeit die Fahrhabe in viel höherem Maße als heute als Zubehör der Grundstücke erschien.

Vor allem aber gewinnen wir aus dem Studium der Steuergeschichte für die älteste Periode der Städte, insbesondere aus der Übersicht der Urkunden, die für eine Mobiliarbesteuerung angeführt werden, bei einiger Kritik den sicheren Eindruck, daß in den ältesten Zeiten des Städtewesens, ja bis zur zweiten Hälfte des 13. Jahrhunderts, eine allgemeine[1] Besteuerung der beweglichen Habe durchaus zu fehlen scheint. Es würde zu auffallend erscheinen, daß nicht eine der zahlreichen steuergeschichtlichen Untersuchungen wenigstens eine Urkunde für eine allgemeine Mobiliarsteuer aus älterer Zeit beigebracht

[1] Etwas anderes ist es mit der ergänzenden Mobiliarbesteuerung (s. S. 78).

hätte, wenn wir nicht annehmen wollen, daß im wesentlichen bloß Immobiliarbesteuerung geherrscht hat. Auch das spricht also für die obige Theorie. Bewiesen ist sie freilich nicht. Die von den Autoren beigebrachten urkundlichen Belege sind wenigstens meines Erachtens fast alle nicht beweiskräftig.

1) Zeumer übersieht wohl bei der Aufzählung der Beispiele, die für eine bloße Immobiliarsteuer sprechen sollen (S. 86, besonders in den Anmerkungen), daß alle von ihm angeführten Urkunden mit Ausnahme derjenigen für Duisburg 1213, für Hagenau 1257 und für Gelnhausen 1289 sich auf die Geistlichkeit, meistens auf Klöster beziehen. Schon Kölle aber hat einmal darauf hingewiesen[1], daß die Besteuerung der Geistlichen ihre eigenen Wege geht, die von denen der allgemeinen bürgerlichen Steuer verschieden sein können, daß nämlich die Kirche in Ulm noch bloßer Immobiliarbesteuerung unterliegt, während die gewöhnliche bürgerliche Steuer schon das bewegliche Vermögen heranzieht. Nun darf man freilich nicht übersehen, daß überhaupt der größte Teil der Urkunden über die älteste Periode der Städtesteuern sich auf die Geistlichkeit bezieht. Aber man sollte eben dann die Beweiskraft solcher Dokumente für die allgemeine Steuergeschichte nicht überschätzen.

2) Die anderen Autoren aber, schon Haltaus (S. 1647) wie Maurer (S. 851) und viele Spezialforscher führen eine Reihe von Urkunden an, aus denen man zwar mit großer Wahrscheinlichkeit die Existenz einer konsequenten Objektsteuer auf Immobilien ersehen kann. Das schließt aber nicht aus, daß neben solchen Grundsteuern eine Heranziehung des beweglichen Vermögens in gewissem Umfange stattfand, was in Schweidnitz 1328[2] sogar sicher der Fall gewesen ist. Wollte man die Steuer auf das bewegliche Vermögen dann etwa ihres personalen Charakters wegen als eine besondere Steuer auf-

[1] Kölle, Die Vermögenssteuer der Reichsstadt Ulm a. a. O. S. 48.

[2] Tschoppe und Stenzel S. 260.

fassen, so wäre das zwar theoretisch berechtigt, allein an der Sache wäre nichts geändert.

3) Wenn ferner im 14. oder 15. Jahrhundert in einzelnen Städten Immobiliarsteuern nachweisbar sind, so ist das kein zwingender Beweis, weil die Möglichkeit vorliegt, daß schon vorher eine Steuer auf Mobilien existiert hätte. In Halle z. B. finden wir von 1503 ab eine bloße Immobiliarsteuer; vorher, im 15. Jahrhundert, existierte eine auch die bewegliche Habe treffende Steuer (Dreyhaupt II, 394). —

Es dürfte meines Erachtens überhaupt kaum möglich sein, die Theorie in befriedigender Form induktiv und direkt zu beweisen, weil sie ja ihrem Charakter nach negativ ist. Daß die bewegliche Habe nicht besteuert wurde, soll bewiesen werden. Hier versagen aber alle Urkunden, die mir zu Gesicht gekommen sind, zumal es mir scheinen will, als ob die Dokumente für die älteste Periode der Städtesteuern sich in Form und Inhalt auf einige Haupttypen reduzieren lassen, welche sich immer wiederholen, von denen jedoch keiner zum Belege unserer Theorie eine sichere Handhabe bietet. Damit soll aber nicht gesagt sein, daß die Theorie der Immobiliarbesteuerung unwahrscheinlich sei; im Gegenteil ist der allgemeine Eindruck, den wir aus dem Studium der Steuergeschichte jener Epoche gewinnen, so aufdringlich, daß er im Verein mit obigen deduktiven Schlüssen uns fast Gewißheit gibt. Die entgegengesetzte Theorie vollends, nach der die ursprüngliche Städtesteuer eine allgemeine Vermögenssteuer gewesen ist, also auch die Mobilia erfaßt hat (z. B. bei Myrbach, S. 556), widerspricht nicht bloß jenem allgemeinen Eindruck, sondern für sie haben wir auch keinen deduktiven oder indirekten Beweis gefunden, und keine einzige bekannte Urkunde spricht zu ihren Gunsten.

Die Spezialforscher vertreten für ihre Gebiete auch die Anschauung, daß anfangs Immobiliarsteuer geherrscht habe.

In den Tiroler Städten des Mittelalters waren nach Kogler

(S. 584) Realsteuern die Regel und zwar in erster Linie Steuern auf Gebäude, in zweiter Linie auf den Grund und Boden. Auch im Bistum Salzburg lagen die städtischen Steuern nach Bittner auf Häusern und anderen Immobilien (S. 553). In Hamburg wurden anfangs nur Erben und Erbezinsen verschoßt[1]. Für Lübeck führt Hartwig (S. 38) überzeugend aus, wie wahrscheinlich bis in die zweite Hälfte des 13. Jahrhunderts bloße Immobiliarbesteuerung geherrscht hat. Schäfer glaubt, daß es in Überlingen bis zum 14. Jahrhundert ebenso gewesen sei (S. 120). In Dortmund gab es nach Rübel (S. 38) zunächst wahrscheinlich bloß außerordentliche Immobiliarsteuern. Der Schoß in Goslar war bis zur Mitte des 14. Jahrhunderts in der Regel nur Immobiliarsteuer[2]. Daß der »Schatz« in Gräfrath im 15. Jahrhundert noch Immobiliarsteuer war, nimmt Below an[3]. Ob in Braunschweig der Schoß ursprünglich auch Grundsteuer war, wie in der Städtechronik[4] zu lesen steht, ist freilich aus den wenigen dort angeführten Urkunden gar nicht zu erschließen. Auch für Nürnberg[5] ist es nicht so sicher zu erkennen, wie Hartwig annimmt. Wenn ferner Christian Meyer (Vierteljahrsschrift 1889, S. 53f.) mit bezug auf die »beiden« Augsburger »Stadtrechte« abwechselnd von »Grundzins« und »Grundsteuer« spricht, so handelt es sich, wie aus den Stadtrechten hervorgeht, in Wirklichkeit um den ersteren In Köln scheinen im 12. und 13. Jahrhundert besonders Steuern vom Grundbesitz erhoben worden zu sein; eine etwa aus dem Jahre 1275 stammende Steuerliste nennt Häuser, Wohnungen, Werkstätten und Verkaufsstätten als Objekte[6]. Von Weimar endlich wissen wir genau, daß im ersten Viertel des 15. Jahr-

---

1 Koppmann, Kämmereirechnungen, Einleitung, S. LV.

2 Konrad a. a. O. S. 405.

3 Zeitschrift des Bergischen Geschichtsvereins, Bd. 26, S. 29.

4 Chroniken niedersächsischer Städte I, S. 137, Anm. 2.

5 Chroniken deutscher Städte I, S. 282.

6 Lau, Entwicklung der kommunalen Verfassung und Verwaltung der Stadt Köln, Köln 1898, S. 342, und andere Darstellungen.

hunderts »Erbgüter« das einzige Steuerobjekt bildeten [1]. In Halle trat im Jahre 1503 an die Stelle einer objektiv-allgemeinen Steuer eine Abgabe von Häusern, Buden usw. und Salzgütern, welche die Mobilia freiließ (Dreyhaupt II, 397).

Im Unterschied vom platten Lande fällt uns auf, daß in den von Haltaus, Maurer, Zeumer und den Spezialforschern genannten Urkunden sehr häufig die Häuser als besondere Objekte erscheinen. Auch wo das nicht der Fall ist, liegt manchmal die Wahrscheinlichkeit nahe, daß die Häuser besteuert wurden. Jedoch kommen auch Grundsteuern vor, die den ländlichen insofern ähnlicher sind, als die Gebäudebesteuerung wegfällt [2]. In der Stadt Staveren kommt eine Steuer vom Werte des Grundbesitzes vor, bei der die Häuser frei bleiben [3]. In der Mark Brandenburg zahlten die Städte nach dem berühmten Bedevertrag vom Jahre 1281, wie es scheint, die fixierte Hufensteuer genau wie das platte Land (Merklinghaus S. 86/90). So Stendal, freilich nur bis zum nächsten Jahre; später trat dann Zahlung einer runden Summe von Seiten der Stadt ein, die nach Merklinghaus durch eine allgemeine Vermögenssteuer umgelegt wurde. In Prenzlau war es ebenso. Salzwedel zahlt aber noch 1330 diese Hufenabgabe, Frankfurt jedenfalls noch 1319, die Neustadt Brandenburg noch 1337. Indessen sind diese Verhältnisse noch nicht ganz klar gelegt [4].

[1] Hertzer a. a. O. S. 3.

[2] In Würzburg bewilligten nach Gramich die Stände im Jahre 1278 dem Bischof eine Steuer auf Weinberge. also nur auf ein einzelnes immobiles Objekt, das aber für jene Stadt eine hervorragende Bedeutung hat.

[3] Müller, Geldern S. 51.

[4] Wenn Merklinghaus S. 88 sagt, Stendal hätte schon 1272 eine »allgemeine Vermögenssteuer« erhoben, um die landesherrliche Steuer aufzubringen, so hält er doch wohl daran fest, daß die Berechnung der letzteren nach dem eben besprochenen Hufenprinzip geschah, und geht davon aus, daß die Umlage der Stadt überlassen blieb. Dann wäre also für Stendal, Prenzlau und die anderen Städte mit Magdeburger Recht jene Hufensteuer doch nicht mehr aktuell gewesen. Indessen ist meines Erachtens die Annahme einer allgemeinen Vermögenssteuer, d. h. hier einer Steuer auf Mobilia und Immobilia, in Stendal für 1285,

Bemaßen sich unsere Steuern nun nach dem Kapitalwert oder nach dem Ertrage? Für den ersteren Fall haben wir einige Anhaltspunkte. Schon Zeumer (S. 82) führt Fälle an, daß in Mühlhausen, Angermünde und Ulm kurz vor 1300 geistliche Güter nach dem Kapitalwert veranlagt wurden. Hier können wir vielleicht einmal annehmen, daß die Besteuerung der geistlichen Güter nach demselben Modus erfolgt, wie die der bürgerlichen, weil es sich ja hier nicht um die Ausdehnung der objekten Steuerpflicht, sondern um das Steuerprinzip überhaupt handelt. In Nördlingen wurden die Immobilien für die Steuer nach dem Kapitalwert eingeschätzt (Dorner S. 11, 20). (Urkunden von 1296 und 1310). Auch für Eßlingen haben wir ein solches Beispiel von 1315[1]. Die erwähnte Steuer in Staveren wurde nach dem Werte erhoben (1298)[2]. In Schweidnitz werden 1328 die Hofstätten nach dem Wert veranschlagt. In den österreichischen Städten des Mittelalters ist nach Myrbach überall der Schätzungswert der Häuser, nicht der Ertrag Grundlage der Besteuerung gewesen. Wir müssen ferner in Betracht ziehen, daß die Vermögenssteuern vom 13. bis 15. Jahrhundert, welche bewegliche und unbewegliche Güter trafen, in der Regel den Kaufwert als Grundlage nahmen. Die viel selteneren Fälle einer Ertragsbesteuerung treffen dort freilich gerade die Häuser oder die Immobilien überhaupt. Es soll deshalb auch nicht geleugnet werden, daß das Ertragsprinzip bei der früheren städtischen Immobiliarsteuer vorgekommen sein könne. Ja, wo die Besteuerung nach Hufen in der Stadt erscheint, werden wir für die älteste Zeit zuweilen gleiche Verhältnisse wie auf dem Lande annehmen und daher auch die gleiche Erklärung, in diesem Falle also das Ertragsprinzip, heranziehen müssen. Ist es richtig, daß die Städte in ihrer ältesten Periode kaum

---

von der Merklinghaus ausgegangen ist, und die sich auch bei Zeumer findet (S. 88), eine ungerechtfertigte Hypothese. In jener Urkunde (Riedel XV, S. 34) zwingt nichts zur Annahme einer direkten Besteuerung der beweglichen Habe.

[1] Württemb. Jahrbücher 1900, S. 70 ff.

[2] Plönes, Geldern S. 20.

der Landwirtschaft entwachsen sind, daß der Unterschied zwischen Stadt- und Landbewohnern noch kein ausgeprägter ist, daß jeder wohlhabende Bürger Vieh- und Grundbesitz außerhalb der Stadt hat[1], so werden wir verstehen, daß ursprünglich auch die Formen, in denen die Steuern die Leistungsfähigkeit der Stadtbewohner erfassen wollten, nicht verschieden waren von denen, die wir auf dem platten Lande gefunden haben. In der Regel aber ist die Entwicklung in der Stadt eine andere gewesen als auf dem Lande. Schon daß die Häuser meist in früher Zeit als selbständige Besteuerungsobjekte hervortreten, bildet einen fundamentalen Unterschied gegenüber den gewöhnlichen ländlichen Verhältnissen, wenn es auch an sich noch nicht die Annahme des Ertragsprinzips ausschließt. Alles in allem, glaube ich aus den oben aufgezählten Nachrichten schließen zu sollen, daß das Wertprinzip vorgeherrscht habe. Diese Annahme würde sich auch leicht erklären lassen. In der Stadt spielten glatte Käufe und Kaufpreise von Immobilien schon im 13. Jahrhundert eine Rolle. Man werfe einmal einen Blick in die Urkundenbücher von Frankfurt a./M., von Augsburg und Ulm, und man wird sich davon überzeugen. Die Beobachtung, daß der Kaufpreis gern bald wieder in Renten, also nach mittelalterlicher Anschauung in Immobilien angelegt wird, widerspricht nicht derjenigen, daß die Käufe doch zunächst stattfinden.

Das einzige Beispiel einer Immobiliarsteuer nach dem Ertrage aus früherer Zeit, das angeführt worden ist, haben wir in Köln um 1275 nach Höninger[2], Henning[3] und Lau[4]. Gerade hier aber hat Stieda[5] in überzeugender Weise dar-

[1] Zeumer S. 86; Inama-Sternegg III, S. 68/73; Bücher, Entstehung der Volkswirtschaft, 4. Aufl., S. 137 ff.

[2] Höninger, Annalen des historischen Vereins für die Geschichte des Niederrheins, Heft 47, S. 94 ff.

[3] Henning, Steuergeschichte von Köln. Leipziger Dissertation 1891.

[4] Lau a. a. O. S. 342.

[5] Jahrbücher für Nationalökonomie und Statistik 1899, S. 28.

gelegt, daß in der in Frage kommenden Steuerliste nichts zu der Annahme einer Ertragsbesteuerung zwingt, wie jene Autoren glauben [1].

Rentenbesteuerung.

Zu den Immobilien zählt das Mittelalter im allgemeinen Zinse und Renten. Zeumer nimmt wohl mit Recht an, daß die Besteuerung, vom Grundbesitze ausgehend, sich zuerst auf die Zinse und dann auf die Renten überhaupt ausgedehnt habe. Es ist fast selbstverständlich, daß die Steuern, die auch die bewegliche Habe treffen, wie wir sie besonders im 14. und 15. Jahrhundert häufig finden werden, auch alle rentenartigen Einkünfte einschließen; über die Form der Rentenbesteuerung werden wir später handeln. Der Übergang von einer bloßen Grundbesitzsteuer zur Heranziehung der Renten läßt sich bei dem geringen Material über die älteste Periode der Städtesteuern bis jetzt nicht genauer verfolgen. Es hängt sicherlich bis zu einem hohen Grade vom Zufall ab, ob uns aus einzelnen Städten bestimmte Kunde davon geworden ist. Immerhin wollen wir hier wenigstens die Städte aufzählen, aus denen wir vom 13. Jahrhundert Nachrichten über Besteuerung von Zinsen und Renten haben.

Grundzinsen werden besonders genannt in einer Urkunde König Rudolfs, Duisburg 1291 [2]. Sonst aber werden, wie schon Heidenhain (S. 62) hervorhebt, Grundzinse und Renten meist zusammen genannt, der Sprachgebrauch ist dabei ein sehr verschiedener, bisweilen werden beide Begriffe nicht einmal unterschieden. Es ist dies um so weniger verwunderlich, als ja der Rechts- und Wirtschaftshistoriker zuweilen selbst in Verlegenheit gerät, wenn es sich im konkreten Falle um die scharfe Bestimmung der Grenze zwischen beiden Begriffen handelt. Renten werden nun als Steuerobjekte genannt:

[1] Die Abgabe des Jahres 1205 (Henning S. 17) ist überhaupt keine Steuer, sondern ein Strafgeld.

[2] Zeumer S. 88.

in Hamburg 1283 (Zeumer 88)[1],
» Freiberg 1294, Stadtrecht (Gräser S. 196),
» Augsburg, wahrscheinlich 1291 (Schönberg S. 278),
» Hildesheim, etwa 1300, Stadtrecht (U.-B. I. S. 294, Art. 142),
» Goslar, wahrscheinlich um 1300, Stadtrecht (Zeumer S. 88).

Für Lübeck müßten wir die Steuerpflicht der Renten nach Hartwig schon vor 1260 annehmen[2]. Wenn ferner wirklich überall die Renten früher als die Mobilien steuerpflichtig gewesen wären, kämen hier auch alle Städte in Betracht, die in den folgenden Kapiteln: »Mobiliarbesteuerung« und »Einheitlicher Vermögensbegriff« für das 13. Jahrhundert genannt werden.

Mobiliarbesteuerung.

Bei Beurteilung der Urkunden, die für die Anfänge einer Heranziehung der beweglichen Habe zur Steuer sprechen sollen, ist ganz besondere Vorsicht nötig. Indirekte Beweise sind hier immer unsicher. Unter indirekten Beweisen aber verstehe ich insbesondere folgende:

a) Das Vorkommen des »Vermögenskaufs« und ähnlicher Bestimmungen als Beweis für die Heranziehung der Mobília. Die Darstellungen des brandenburgischen Steuerwesens, auch

---

[1] In Hamburg wurde die feste Rente erst versteuert, nachdem sie gekauft war; das zum Ankauf bestimmte Kapital, von dem ein jährlicher Zins gezahlt wurde, war frei. In Augsburg hieß es, man solle versteuern »ein phuont gaeltes, daz aigen oder lehen ist und ze gaelte gesetzzet ist und ein jar ze geelte gestanden ist, für 10 Pfunt« (Zeumer S. 83). Zeumer macht darauf aufmerksam, daß nach diesen Bestimmungen erst die feste Rente, die ein regelmäßiges Einkommen garantierte, Besteuerungsobjekt wurde, nicht aber im ersteren Falle die zum Verkauf der Rente ausgesetzte Geldsumme.

[2] Nach Hartwig (S. 38) wurden Mobilia dort spätestens seit 1260 besteuert; da nach demselben Verfasser (S. 42) überall die Renten früher als die Mobilia besteuert wurden, müßten die Renten in Lübeck schon vor 1260 besteuert gewesen sein. — In Freiberg waren 1294 auch die Mobilia schon steuerpflichtig.

die von Merklinghaus, nehmen für Stendal seit dem Ende des 13. Jahrhunderts eine Besteuerung der beweglichen und unbeweglichen Habe an. Nun scheint mir aber, daß keine der vielen in Frage kommenden Urkunden hierfür einen Beweis oder auch nur große Wahrscheinlichkeit enthält, mit Ausnahme etwa derjenigen von 1345 (Riedel, A., XV, S. 125). In ihr kommt die Bestimmung vor: »und wo ok eyn islik mensche sin gut verscotet by sime eyde, davor mag die rat der stad dat gut beholden, oft die rat dat tun wil vor so vele marke, als he syn gut verscottet, und scal eme syn gut redelik betalen by dages lichte«. Diese Bestimmung — deren wirkliche Anwendung uns hier nicht interessiert — hat ja nur dann Sinn, wenn auch der Kaufpreis, den der Deklarant von der Stadt für sein Vermögen erhält, so weit er noch in Geld vorhanden ist, im nächsten Jahr wieder der Steuer unterliegt. Aber das würde noch nicht unbedingt beweisen, daß auch sonst, für gewöhnlich, bewegliche Habe steuerpflichtig war. »gut« kann an und für sich dasselbe wie »bona«, nämlich Immobilia bedeuten. Indessen, da die Schwierigkeit der Wertermittlung und die Möglichkeit der Hinterziehung immer in erster Linie für bewegliches Vermögen besteht, spricht wenigstens die Wahrscheinlichkeit dafür, daß eine Besteuerung des Mobiliarvermögens stattgefunden habe.

In Goslar findet sich 1397 die Bestimmung, daß die Güter dessen, der auf seinen Eid unrichtig verschoßt, dem Rate verfallen sein sollen. M. Konrad[1] schließt daraus, daß das gesamte Vermögen, d. h. auch die bewegliche Habe versteuert worden sei. Auch hier ist jedoch nur Wahrscheinlichkeit, nicht Gewißheit vorhanden.

b) Die Angabe, daß außer den Grundbesitzenden auch andere Klassen steuerpflichtig sind, insbesondere der Satz, alle Handeltreibenden seien steuerpflichtig, könnte ohne weiteres

[1] Jahrbücher für Nationalökonomie und Statistik 1909, S. 396.

als Zeichen für die Heranziehung der Mobilia angesehen werden. Denn wonach sollte sonst in vielen Fällen, wo Grundbesitz fehlte, die Steuer bemessen werden? Es ist nun auffallend, daß weder Maurer noch Zeumer oder irgend ein späterer Autor auf die Möglichkeit solcher Schlußfolgerungen hingewiesen hat, die doch so nahe lag. Wenn der Verfasser auch gerade zu der Meinung gelangt ist, derartige Schlüsse seien nur mit großen Einschränkungen erlaubt, so leuchtet das doch keineswegs ohne weiteres ein, und eine Auseinandersetzung über diesen Punkt hätte keines der Werke, die sich mit dem Problem der Städtesteuern befassen, umgehen dürfen. Wie berechtigt dieser Vorwurf ist, ersieht man daraus, daß z. B. Kölle (S. 48) ohne weiteres annimmt, Zeumer habe bei Anführung der Urkunden über die Steuerpflicht der Handeltreibenden an Besteuerung des mobilen Vermögens gedacht — was keineswegs selbstverständlich und zweifellos ist. Wir werden die Frage im folgenden Abschnitt erörtern, indessen soll hier schon gesagt werden, daß nur bescheidene Rückschlüsse möglich sind, weil ja über die Form der gewöhnlichen Besteuerung in solchen Fällen noch nichts gesagt ist und weil eine allgemeine Besteuerung der Mobilia, auch bei den grundbesitzenden Klassen, noch nicht gefolgert werden kann.

Betrachten wir nun die Urkunden, die für die Besteuerung des mobilen Vermögens aus der ersten Hälfte des 13. Jahrhunderts gewissermaßen als direkte Beweise angeführt werden: Zeumer nennt die Urkunde über die Wormser Reichssteuer von 1182, in der vom »peculium« der auf den Höfen der Geistlichen angesessenen Hörigen die Rede ist, worunter hauptsächlich Mobilien zu denken seien; eine Urkunde Heinrichs VII., die ein dem Kloster Arnsburg gehöriges vor Wetzlar gelegenes Haus und alle dorthin gebrachten Sachen von der Steuer befreit; eine Urkunde von Kösfeld 1248, in der die »res propriae« der hörigen Mühlenbewohner auf dem

Gebiete des Klosters Varlar als steuerbar erscheinen (S. 87). Es fällt uns auf, daß es sich hier immer um geistliche Untertanen, Hörige, handelt. Zwar beziehen sich überhaupt die meisten älteren Urkunden, die über städtische Steuern etwas aussagen, auf die Geistlichkeit und ihre Hintersassen. Allein merkwürdig ist es doch, daß aus der ersten Hälfte des 13. Jahrhunderts sonst gar keine Urkunden für Mobiliarbesteuerung genannt werden.

Nehmen wir jetzt die Urkunden vor, aus denen man nach b) indirekt auf eine Heranziehung von beweglichem Vermögen schließen könnte. In Regensburg wird 1207 ausgesprochen, daß jeder steuerpflichtig sei, der Geld im Handel anlege oder Handel treibe[1]; von 1230 ab wird jedoch nur für die Handeltreibenden selbst diese Bestimmung aufrecht erhalten (Zeumer S. 74). Die Steuerpflicht der Handeltreibenden wird auch in Augsburg 1251, 1276 und im deutschen Stadtrecht (Zeumer S. 75), ferner in der zweiten Hälfte des 13. Jahrhunderts in den Städten Bamberg, Amberg und Nordhausen ausgesprochen (Zeumer S. 74/76), endlich wohl auch in Frankfurt und Ulm (S. 76). In Straßburg sind die hörigen Handwerker steuerpflichtig, sofern sie für Fremde arbeiten oder Handel treiben (Maurer II, S. 870). Steuerpflicht aller Handeltreibenden gilt auch in Bozen im 13. Jahrhundert (Kogler S. 616).

Betreffs der Ulmer Urkunde[2] hat Kölle wohl mit Recht darauf aufmerksam gemacht (S. 49), daß hier gar nicht notwendig eine »Vermögenssteuer« anzunehmen sei, sondern daß man ebenso gut auch an einen Zoll gedacht haben könne. Er führt dann noch eine Pfullendorfer Urkunde ähnlichen Inhalts von 1271 an, in der sogar ausdrücklich »theloneus« genannt wird. Dann würde also für die direkte Besteuerung der Mobilia aus jenen Urkunden überhaupt nichts zu schließen sein. Für Ulm mag das zutreffen. Es ist mir ferner auf-

[1] Gemeiner, Ursprung der Stadt Regensburg, S. 69/70.

[2] Ulmer Urkundenbuch S. 64; Zeumer S. 76.

gefallen, daß in den Urkunden des Regensburger Bistums [1] einmal von einer »exactio thelonei« die Rede ist (I, S. 605). Im allgemeinen aber wird man da, wo ausdrücklich nur von »collecta«, »stiura«, »exactio et precaria« gesprochen wird, wie in den übrigen genannten Urkunden, wohl immer an die direkte Steuer zu denken haben. Betreffs der Terminologie scheint das auch Zeumers Ansicht zu sein (vgl. S. 4, 91).

In allen Fällen erfahren wir noch nichts über die Form der Besteuerung. In München, wo die Steuerpflicht der Handeltreibenden nach einer Urkunde von 1294 ebenfalls Grundsatz war, herrschte wohl ein rein alternativer Begriff: Handeltreibende wurden, wie es scheint, nur mit Rücksicht auf diese Tätigkeit besteuert, andere Klassen nach dem Grundbesitz allein [2]. Der Fall ist aber ebenso gut denkbar, daß wo anders auch grundbesitzende Kaufleute, zum mindesten aber nichthandeltreibende Grundbesitzer bloß nach ihrem Immobiliarbesitz besteuert worden seien, während die bewegliche Habe frei war. Denn als Steuerform lag nach der oben vertretenen Ansicht eine Immobiliarsteuer der Zeit am nächsten. Was dann übrig bliebe, das wären in der Hauptsache die hörigen Hintersassen weltlicher und geistlicher Grundherrschaften oder auch Schutzhörige der gesamten Bürgerschaft [3], die ja auch nur steuerpflichtig waren, sofern sie Handel trieben [4] — also eine ganz begrenzte Klasse. Nur für diese Klasse ist jedenfalls ein Rückgriff auf mobiles Vermögen oder Einkommen von seiten der Steuer unbedingt anzunehmen. Gräser vertritt die Ansicht, daß zu dem Vermögensschoß in den Städten die angesessenen Bürger nach ihren Häusern und Grundstücken, die Klasse der Hausgenossen jedoch nach ihrer fahrenden Habe beigesteuert hätte (S. 145), ein Satz, der freilich

---

[1] Herausgegeben von Ried, 1816.
[2] Urkunde bei Baasch, Die Steuer im Herzogtum Bayern, S. 38.
[3] Maurer II, 792.
[4] Maurer II, 870.

für die späteren Jahrhunderte des Mittelalters nicht mehr aufrecht erhalten werden kann, für jene Übergangsperiode von einer bloßen Immobiliarsteuer zur Heranziehung der beweglichen Habe, besonders im 12. und 13. Jahrhundert, aber nicht unwahrscheinlich ist. Ich möchte nun die Vermutung aussprechen, daß die Besteuerung von beweglichem Gut sich bis zur Mitte des 13. Jahrhunderts in der Hauptsache nur bei der Klasse der hörigen Hintersassen entwickelt haben wird, nur ergänzend, dort, wo kein Grundbesitz war. Keine allgemeine Heranziehung des Mobiliarvermögens, sondern nur ein Alternativbegriff liegt dann vor. Ich habe versucht, insbesondere für die Hypothese, daß trotz allgemeiner Steuerpflicht der Handeltreibenden noch in der ersten Hälfte des 13. Jahrhunderts bloße Immobiliarbesteuerung der Grundbesitzer existiert habe, Nachweise zu finden. Allein dieser Versuch ist gescheitert, weil die Quellen der in Frage kommenden Städte, insbesondere die Urkundenbücher von Augsburg und Ulm, sowie die für Regensburg im 13. Jahrhundert in Betracht kommenden Quellen, fast immer nur Urkunden enthalten, die sich auf die Geistlichkeit und ihre Hintersassen, nicht aber auf die allgemeine Besteuerung der Bürger und Einwohner in den Städten beziehen. Die Besteuerung der Geistlichkeit aber geht, wie erwähnt, so oft ihre eigenen Wege, daß man nicht von vornherein Übereinstimmung mit der bürgerlichen Besteuerung voraussetzen darf [1].

In der zweiten Hälfte des 13. Jahrhunderts tritt die Mobiliarbesteuerung deutlich hervor. Zunächst kommen hier wieder einige Urkunden König Rudolfs in Betracht: Regensburg 1279

---

[1] Für die Annahme, nicht Handel treibende Grundbesitzer seien für ihre bewegliche Habe frei gewesen, könnte man eine Frankfurter Urkunde von 1291 (Zeumer S. 76) in Anspruch nehmen. Freilich kann man in ihr aber auch gerade die Ausnahme erblicken, so daß ein sicherer Schluß unmöglich wird. Ebensowenig möchten wir in der Tatsache, daß in Augsburg Hörige steuerfrei blieben, wenn sie nicht Handel trieben (Maurer II, 870) einen wirklichen Beweis für unsere Annahme sehen, daß eine allgemeine Mobiliarbesteuerung fehlte. Denn in jenem Falle wurden die Hörigen eben überhaupt nicht als Bürger und deshalb überhaupt nicht als steuerpflichtig betrachtet.

(Zeumer S. 129); Wetzlar 1285 und Kolmar 1284 (Zeumer S. 132); dies allerdings zum Teil nur einmalige Steuerversuche. Für eine regelmäßige Mobiliarbesteuerung sprechen eher die Urkunden von Augsburg 1287 und Duisburg 1291 (Zeumer S. 87/88). Dann aber enthalten schon einige Stadtrechte Bestimmungen, die eine allgemeine Heranziehung der Mobilia zeigen: Freiberg 1294 (Gräser S. 196ff.), Hildesheim um 1300 (U.-B. I. S. 294). In Innsbruck wurde von 1282—1304, ebenso in Hall nach dem Stadtrecht von 1303 die gesamte Habe, besonders auch Geld versteuert (Kogler S. 589ff.) In Saalfeld erhob man im 13. Jahrhundert eine Steuer, die Grundstücke und verborgtes Geld traf; näheres darüber ist nicht bekannt (Gräser S. 203). In Lübeck gab es nach Hartwig schon seit 1260 Mobiliarbesteuerung (S. 38).

Im 14. Jahrhundert ist die Besteuerung der beweglichen Habe schon häufiger. Sie wird im 15. Jahrhundert vollends zur Regel. Es hat daher wenig Zweck, alle Steuerordnungen der späteren Zeit aufzuzählen, die die Mobilia heranziehen. Indessen sollen hier wenigstens die Nachrichten erwähnt werden, die wir für das 14. Jahrhundert besitzen. Auch hier handelt es sich teilweise noch um Klöster, um geistliche Hintersassen usw., was dann im einzelnen Falle angegeben werden soll, um unsicheren Verallgemeinerungen vorzubeugen; auch wo die Besteuerung von Mobilien nur mittelbar aus einer Befreiungsurkunde erschlossen werden kann, haben wir das besonders vermerkt. Wo aber nichts angegeben ist, handelt es sich um allgemeine Steuerordnungen[1]:

Grimma 1327 (Schulze[2] S. 258, Anm.), Geistliche Hintersassen, wenn Handel treibend.

---

[1] Dagegen werden gar nicht aufgeführt: Angaben über eine Besteuerung der Mobilia, die auf bloßer Hypothese beruhen: So wenn A. Diehl (Württemb. Jahrb. 1900, S. 41) aus der Höhe der Vermögensziffern für Eßlingen im Vergleich mit denen von Basel folgert, daß an ersterem Orte auch die Mobilia besteuert worden seien.

[2] S. S. 10.

Leipzig 1342 (Schulze S. 257, Anm. 5). Ebenso.

Mühlhausen i. Thür., Mitte des 14. Jahrhunderts, (Graßhof, De originibus 1749, S. 118).

Naumburg 1305 (Gräser S. 200).

Halberstadt 1370 (U.-B. I., S. 409, Nr. 516), Befreiungsurkunde.

Frankfurt a. M. 1354 (Schönberg S. 280).

Dortmund, 14. Jahrhundert (Rübel S. 39).

Memmingen 1396 (Freyberg, Sammlung historischer Urkunden V, S. 297).

Überlingen 1390 (Schäfer S. 120ff.)

Rotenburg 1382 (Schönberg S. 208).

Regensburg 1342 (Gemeiner II, S. 26).

Nördlingen 1350 (Dorner S. 12), Befreiungsurkunde.

Höxter 1345 (Wigand, Denkwürdige Beiträge, S. 164), Befreiungsurkunde.

Malchim 1357 (Brennecke, Mecklenburg S. 42), steuerbar: Korn.

Wismar 1320 (Brennecke, Mecklenburg S. 42), steuerbar: Barvermögen.

Liegnitz 1321 (Tschoppe und Stenzel S. 201).

Schweidnitz 1328 (Derselbe S. 260).

Friesach i. Kärnten 1327 (von Myrbach S. 563), Handeltreibende.

Enns 1356 (von Myrbach S. 565), Befreiungsurkunde.

Graz 1393 (von Myrbach S. 570), Handeltreibende.

Das Steuerwesen der märkischen Städte bedarf noch einer eingehenden Untersuchung [1].

[1] Die wenigen Bemerkungen, die sich in den bisherigen Schriften finden, Merklinghaus nicht ausgeschlossen, enthalten manche Widersprüche und gewagte Verallgemeinerungen oder Rückschlüsse betreffs der Mobiliarbesteuerung. Unter den von Merklinghaus zitierten Urkunden (S. 88), ja unter den Riedelschen Urkunden der märkischen Städte (Serie A) überhaupt, findet sich meines Erachtens nicht eine einzige, die für das 13. und 14. Jahrhundert eine allgemeine Heranziehung der beweglichen Habe (außer den Renten) in einer

Es versteht sich von selbst, daß es oft vom Zufall abhängig ist, ob wir von dieser oder jener Stadt aus früher oder später Zeit Kunde über das Vorkommen der Mobiliarbesteuerung besitzen, und daß Schlüsse auf das Tempo der wirtschaftlichen und steuerlichen Entwicklung jener Städte daraus nur mit Vorsicht zu ziehen sind. Auch kommt folgende Erscheinung vor: In mehreren Tiroler Städten bestand im 13. und 14. Jahrhundert als ordentliche regelmäßige Abgabe eine Immobiliarsteuer, während die daneben zuweilen als außerordentliche Steuer auftretende Abgabe auch die Mobilia erfaßt.[1] Das gleiche oder ein ähnliches Verhältnis wird auch anderswo zuweilen existiert haben, wo wir nur über das Vorhandensein einer der beiden Steuern orientiert sind. Indessen müssen wir uns hier ausschließlich an den gegebenen Stoff halten, weil wir sonst jede feste Grundlage verlieren würden. Übrigens haben wir vereinzelt genaue Anhaltspunkte für die Entwicklung in ein und derselben Stadt: es steht fest, daß in Weimar noch nach dem Stadtrecht von 1410 nur Immobilia steuerpflichtig waren, während nach der Ordnung von 1431 auch die bewegliche Habe versteuert wurde. (Hertzer S. 3.)

Wir haben also angenommen, daß im 12. und 13. Jahrhundert eine Immobiliarsteuer floriert, während dann besonders seit dem 13. Jahrhundert die Renten und die Mobilia von der Steuer erfaßt werden.

Eine Steuer, die Immobilia wie Mobilia umfaßt, hat auf den ersten Blick den Charakter objektiver Allgemeinheit und daher nach einer Richtung auch den der Erfassung der ganzen

---

Stadt als sicher erscheinen ließe. Insbesondere kann man bei den Ausdrücken »gut« und »bona« nicht entscheiden, ob sie sich bloß auf »Immobilia« oder auf die gesamte, auch die bewegliche Habe beziehen. Der Begriff »res«, der für »bewegliche Sachen« gebraucht wird, erscheint nur einmal in der Stendaler Judenordnung (XV, S. 44), wo er sich nicht auf eine allgemeine Steuer bezieht, und dann in einer Befreiungsurkunde für das Stift Soldin von 1363 (XVIII, S. 468), wo keine städtische Steuer, sondern wohl nur die staatlichen Brandenburgischen Bede vom Hufenzins und eventuell von der Fahrhabe in Frage kommen.«

[1] Kogler, a. a. O. S. 584, 589, 610.

wirtschaftlichen Leistungsfähigkeit. Wie steht es aber mit der bloßen Immobiliarsteuer? Kann sie etwa für eine bestimmte Epoche ebenfalls eine die volle Leistungsfähigkeit erfassende Steuer sein? Wir wollen diese Frage im folgenden Abschnitt erörtern.

Das Wesen der Immobiliarsteuer.

Der Steuerbegriff.

Die städtische Immobiliarsteuer traf am häufigsten den Grund und Boden und die Häuser, seit der Mitte des 13. Jahrhunderts aber wohl auch häufig die Renten. Wie stand es nun damals mit andern Einnahmequellen?

Was das Leihkapital betrifft, so können wir uns dabei beruhigen, daß das Geld vor dem 15. Jahrhundert im allgemeinen noch keine produktive Anlage bildete[1]. Als Kreditmittel dienten eben die Renten, die mit dem Grund und Boden verwachsen waren.

Die Rolle des Handels im Mittelalter ist dagegen eine der bestrittensten Fragen. Der Hauptgrund dieser Meinungsverschiedenheiten liegt wohl darin: Mittelalterliche Geschichte ist Geschichte von Territorien. Nicht, daß diese Territorien immer gerade auch die wirtschaftlichen Grenzen abgeben. Aber relativ kleine Gebiete sind es immer nur, für die man die ökonomischen Phänomene feststellen kann. Allgemeine Sätze über den Handel im Mittelalter sind bedenklich, wenn sie nicht vornehmlich durch eine Synthese von Einzelbeobachtungen gewonnen sind. In diesem Sinne kann man sagen, daß die von Heidenhain perhorreszierte »alte« Theorie, der Handel sei im Mittelalter die Hauptbeschäftigung der städtischen Bevölkerung gewesen, gewiß nicht richtig ist. Aber die entgegengesetzte Anschauung, das städtische Leben habe ganz

[1] Sohm, Städtische Wirtschaft im 15. Jahrhundert. — Jahrbücher für Nationalökonomie und Statistik. XXXIV. Bd., S. 259 ff.

allgemein noch landwirtschaftlichen Charakter gehabt, eine Ansicht, die Heidenhain (S. 34) allein auf die Wirtschaftsgeschichte von Frankfurt, Worms und Überlingen zu stützen scheint, darf doch nicht ohne weiteres als allgemein gelten. Daß diese Theorie außer für die genannten Orte für kleine Landstädte zutrifft, leuchtet sofort ein. Auch in den märkischen Städten, deren Entwicklung im Vergleich zu den Städten anderer Territorien keine glänzende gewesen zu sein scheint, hat der Großhandel im Mittelalter nie eine Rolle gespielt [1]. Anderseits sagt aber Bücher selbst, auf dessen Untersuchung über die Bevölkerung von Frankfurt jene moderne Hypothese von der geringen Bedeutung des Großhandels im Mittelalter wohl hauptsächlich zurückgeht, zunächst nur, daß in Frankfurt der Warenhandel keine Rolle gespielt habe, insbesondere nicht im Vergleich zu Städten wie Augsburg, Ulm und Nürnberg [2]; er gesteht also zu, daß hier die Verhältnisse ganz anders lagen. Schulte, der den Handel zwischen Westdeutschland und Italien untersucht hat, sagt in dem Abschnitt über die Entwicklung des Handels bis zum Ende des 13. Jahrhunderts [3]: »die massenhafte Gründung von Städten — deren Zweck, man mag auch noch so oft auf verkümmerte Städtchen, die nie etwas anderes geworden sind als ummauerte, der Landwirtschaft dienende Ortschaften, hinweisen, eben der Handel und das Gewerbe war — das Emporblühen derselben sind weniger Ursachen der Zunahme des Handels und des Gewerbes als Folgeerscheinungen derselben.« Es ist dies ein Resultat einer sorgfältigen quellenmäßigen Untersuchung des Handels auf einem Gebiete, das allerdings immer noch groß genug ist, um der Phantasie einen Spielraum zu lassen, immerhin ein Resultat, das ebenso ernst genommen

[1] Zimmermann, Versuche einer historischen Entwicklung der märkischen Städteverfassungen. 1837, S. 196.

[2] Die Bevölkerung von Frankfurt, 1886, S. 244.

[3] Alois Schulte, Geschichte des mittelalterlichen Handels und Verkehrs zwischen Westdeutschland und Italien mit Ausschluß von Venedig, 1900. I, S. 153.

werden muß, wie die bloße Verallgemeinerung der Ergebnisse einiger weniger städtegeschichtlicher Monographieen. Es sei daran erinnert, daß die von Stieda beschriebenen[1] Schonenfahrerkompagnieen zum Teil schon im 14. Jahrhundert entstehen (S. 134 ff.). Könnte man solche Bildungen vielleicht auch gerade als Erscheinungen einer noch relativ rohen Wirtschaftsstufe auffassen, weil die Notwendigkeit des Zusammenschlusses eine gewisse Schwäche offenbare, so zeugen sie doch anderseits zweifellos von einer gewissen Entwicklung der Handelstätigkeit. Und von norddeutschen Städten ausgehend, sagt Daenell[2]: »In der ersten Hälfte des 14. Jahrhunderts war der Aufschwung des deutschen Handels allenthalben besonders groß. Und wahrscheinlich war diese Periode seine glänzendste und größte Zeit überhaupt.« Es darf gewiß nicht geleugnet werden, daß bei Abfassung eines solchen Résumés außer den induktiven Einzelbeobachtungen auch die Phantasie eine gewisse Rolle gespielt haben muß, es soll nur gezeigt werden, daß auch der Theorie von der großen Bedeutung des Handels im Mittelalter noch nicht jeder Boden entzogen ist, daß aber weder sie, noch die Gegentheorie allgemein gelten kann, so lange sie nicht durch eine Fülle von Einzeluntersuchungen nachgewiesen ist.

Wie dem nun auch sei, das eine wissen wir wenigstens, daß auch der Kaufmann in älterer Zeit noch vielfach Grundbesitzer ist. Bei dem Mangel eines vom Grund und Boden losgelösten freien Kreditverkehrs konnte der Kaufmann oder auch der reiche Gewerbetreibende seinen Gewinn nicht anders verwerten, als daß er ihn wieder in Grundbesitz anlegte, indem er Güter, Häuser oder Renten kaufte[3]. Vergegenwärtigen wir uns ferner, daß nach Bücher in jener Zeit das Lohnwerk

---

[1] Hans. Geschichtsblätter 1890/91, S. 133 ff.

[2] Die Blütezeit der deutschen Hanse 1905, I, S. 9.

[3] Arnold, Verfassungsgeschichte der deutschen Freistädte II; S. 193. — Bücher, Entstehung der Volkswirtschaft, 7. Auflage, S. 133.

florierte[1], bei dem der Gewerbetreibende nur sein Werkzeug, also geringes Betriebskapital besitzt; das ist bezeichnend, selbst wenn man die Kategorien »Lohnwerk«, »Handwerk« nicht so allgemein gelten läßt, wie Bücher annimmt. Es folgt aus alledem:

1. Eine Steuer, die nur den werbenden Besitz treffen will, kann in den Städten im 12. und 13. Jahrhundert durch eine Steuer auf Immobilien als im wesentlichen gegeben betrachtet werden. Aber je mehr der Handel sich ausbreitet, der ohne Betriebskapital nicht denkbar ist, je mehr das eigentliche »Handwerk« in den Vordergrund tritt, desto unvollständiger erscheint eine bloße Immobiliarsteuer.

2. Als Steuer, die den Besitz überhaupt treffen will, wäre die Immobiliarsteuer aber von vornherein unvollständig. Schon die Gewohnheit jener Zeit, Gold- und Silbervorräte in großer Menge aufzuspeichern, um sie bei Bedarf verpfänden oder einschmelzen zu lassen[2], garantiert dafür, daß unproduktives mobiles Kapital einen breiten Raum einnahm; der anderen beweglichen Habe gar nicht zu gedenken.

3. Schwieriger liegt es, wenn die Idee der Steuer die war, den Ertrag zu treffen. Wie verbreitet und wie groß die Gewinne von Handel und Handwerk an sich gewesen sein können, bevor sie sich in Immobiliarkapital verwandelten, ist eben eine große Streitfrage. Nun könnte man ja umgekehrt aus dem Fehlen einer Besteuerung des Handelsgewinnes alsdann schließen, der Handel habe eben keine Rolle gespielt, sonst hätte sich auch die Steuer darauf erstreckt. Indessen wäre diese Argumentation eine »petitio principii«. Die Frage braucht uns aber um so weniger zu beschäftigen, als wir ja angenommen haben, daß die Immobiliarsteuer gewöhnlich nach dem Kapitalwert, nicht nach dem Ertrage veranlagt wird.

[1] Bücher, Entstehung S. 165ff.

[2] Inama-Sternegg II, S. 447. Ähnlich: Fromlet, Württembergische Jahrbücher 1901, I, S. 3.

Haben wir nun Anzeichen, aus denen sich erschließen läßt, daß hier oder da die nach dem Kapitalwert erhobene Steuer darauf ausging, nur werbendes Vermögen zu treffen? Ich wage es nicht zu entscheiden. Das Vorkommen des Ausdrucks: »quisque secundum propriam facultatem et bonorum suorum estimationem largiatur« (Ulm 1183, Kölle S. 33) beweist auch hier nur, wie Kölle mit Recht hervorhebt (S. 47), daß Vermögen und Leistungsfähigkeit dasselbe bedeuteten. Eine Analogie mit der ländlichen Hufensteuer ist — von den Anfängen der Städte vielleicht abgesehen — irreführend. Denn ein Objekt spielt von vornherein in der Stadt eine andere Rolle als auf dem Lande: Der Hausbesitz.

Die Immobiliarsteuer traf nun alle Häuser. Daß ein vermietetes Haus »Erwerbsvermögen« war, ist selbstverständlich. Wie steht es aber mit den selbstbewohnten Häusern? Wenn auch heute manche Einkommensteuergesetze die Nutzung des eigenen Wohnhauses als in Geldwert zu veranschlagendes Einkommen ansehen, so bleibt das selbstbewohnte Haus doch immer nur »Gebrauchsvermögen«, nicht Erwerbskapital[1]. Können wir nun annehmen, daß man schon in jener frühen Epoche des städtischen Mittelalters über diese Unterschiede nachgedacht habe[2]? Sah man nicht vielleicht eher das selbstbewohnte Haus schlechthin als eine wichtige Grundlage wirtschaftlicher Leistungsfähigkeit an, ohne sich über seinen wirtschaftstheoretischen Charakter Gedanken zu machen? Das ist schwer zu entscheiden. Die Frage, ob die Immobiliarsteuer, die alle Kategorien von Häusern traf, als eine nur auf werbenden Besitz gerichtete gelten kann, muß darnach von unserm modernen Standpunkte aus verneint, vom Standpunkte der

[1] Wenn man den Begriff des Erwerbsvermögens noch weiter faßt, hört jeder Unterschied zwischen Erwerbs- und Gebrauchsvermögen auf.

[2] Daß man vielfach im 14. Jahrhundert den Charakter des Gebrauchs- und Produktivvermögens an denselben Objekten zu unterscheiden wußte, zeigen manche Steuerordnungen (vgl. auch Heidenhain S. 97).

mittelalterlichen Steuerpsychologie aus aber offen gelassen werden. Alles in allem würde ich auch sonst bei der Unsicherheit der Grundlagen, der Dürftigkeit des vorliegenden Materials über die Anfänge der Städtesteuern, der Unsicherheit unserer Kenntnis von der Ausbreitung des Handels, der großen Verschiedenheit der wirtschaftlichen und steuerlichen Entwicklung in den einzelnen Städten, in diesem Kapitel kein allgemeines Urteil fällen wollen. Es muß genügen, sich hier wenigstens des Problems bewußt zu *bleiben*. Ob jene Immobiliarsteuern wirklich »Vermögenssteuern« waren, muß dahingestellt bleiben.

Begriffe der Steuern, die Immobilien und Mobilien umfassen.

a) Der einheitliche, moderne Vermögensbegriff.

Die Begriffe von Steuern, welche Immobilia und Mobilia erfassen (allerdings gewöhnlich mit Ausnahme gewisser Besitzkategorien, insbesondere von Bestandteilen des Nutzvermögens), teile ich in zwei Gruppen ein: »einheitliche, moderne« und »komplizierte«. Der einheitliche Vermögenssteuerbegriff verlangt Reduzierung der gesamten Summe wirtschaftlicher Güter einer Person — gewöhnlich allerdings mit gewissen Ausnahmen — unter Abzug der Schulden auf die Einheit des Geldwertausdruckes. Er scheint, rein abstrakt betrachtet, die vollkommenste Form eines Vermögenssteuerbegriffes darzustellen, weil er der einheitlichste ist. Er ist der einzige Vermögenssteuerbegriff, den der Laie kennt. Er ist der moderne Vermögenssteuerbegriff, aber er kommt auch schon im Mittelalter vor. Er erfaßt — in seiner abstrakt konsequenten Form — alle Objekte und alle nach demselben Prinzip[1]. Aber ist er denn

[1] In der Praxis ist es freilich nicht so einfach; wenn man sich z. B. in die moderne Frage vertieft, wie weit Renten und Rechte der verschiedensten Art zum Vermögen gerechnetwerden sollen (man vergleiche Fuistings Kommentar zum

wirklich schon deshalb in unserem Sinne ein Vermögenssteuerbegriff, repräsentiert er dadurch eine Erfassung der ganzen wirtschaftlichen Leistungsfähigkeit, wie wir bisher immer stillschweigend angenommen haben? Man könnte das »Vermögen« im Sinne dieses Begriffs charakterisieren als ein Momentbild der Wirtschaft oder einen Durchschnitt. Ein Bild der Wirtschaft — das trifft zu, ob ein Bild der Leistungsfähigkeit, das ist eine andere Frage. Insofern auch schon im Mittelalter unser Begriff gewisse unproduktive Objekte mit umfaßt, z. B. die Vorräte (Erträge) selber, in ihrer augenblicklichen, vom Zufall abhängigen Größe, verdunkelt er das Bild der Leistungsfähigkeit. Freilich wird dieser »Fehler« um so kleiner, je mehr der konkrete Steuerbegriff vom abstrakt konsequenten abweicht. Und in der Wirklichkeit, auch im Mittelalter, wie wir noch sehen werden, sind solche Abweichungen durchaus der gewöhnliche Fall: Gewisse Bestandteile des Gebrauchsvermögens sind fast immer eximiert, darunter meistens jene Vorräte oder ein Teil derselben.

Weiter aber fragt es sich, wird wirtschaftliche Leistungsfähigkeit im Mittelalter nicht auch schon dargestellt durch Einkommensquellen, denen kein eigener Kapitalbesitz zugrunde liegt? Spielt nicht das Einkommen aus Lohnarbeit schon eine Rolle? Oder der Unternehmergewinn, der auf persönliche Arbeit oder auf Konjunktur zurückzuführen ist, weil er über die gewöhnliche Verzinsung des Kapitals hinausgeht? Was nun die Lohnarbeit betrifft, so werden wir noch sehen, in welcher besonderen Weise sie herangezogen wird. Betreffs des Unternehmergewinns aber war von einer Berücksichtigung nicht die Rede, und im Rahmen des einheitlichen Vermögenssteuerbegriffs wäre das auch nicht möglich gewesen. An diesen Punkten sehen wir aber schon, wie der einheitliche

preußischen Ergänzungssteuergesetz 1905, § 4—7), dann wird man finden, daß es äußerst schwierig, wenn nicht unmöglich ist, hier eine scharfe Grenze zu finden. Jeder Vermögenssteuerbegriff hat dann doch etwas Willkürliches an sich.

Vermögenssteuerbegriff versagt und wir ahnen, daß hier die Revolutionierung der Begriffe einsetzen wird; von innen, indem sie neue Vermögenssteuerbegriffe schafft, und von außen, indem sie den Einkommensbegriff daneben setzt, der heute die Herrschaft gewonnen hat. Freilich läßt sich dieser Vorgang nicht so deutlich in der Steuergeschichte verfolgen, wie Bücher anzunehmen scheint (Festschrift, am Schluß); daß er aber stattgefunden hat, ist sicher.

Es folgt nun eine Übersicht der Städte, in denen der einheitliche Vermögensbegriff im Mittelalter vorkommt. Wir nennen dabei diejenigen Jahreszahlen, resp. Jahrhunderte, von denen wir die ersten genauen Nachrichten haben.

Einige Städte zählen in ihren Steuerordnungen die verschiedenen Besitzkategorien in mehr oder minder großer Ausführlichkeit auf, während die andern sich mit allgemeinen Ausdrücken begnügen. Es hängt wohl vom Zufall ab, welchen dieser beiden Modi die einzelnen Steuerordnungen anwenden; wenigstens habe ich eine Regel darin nicht bemerken können. Überall, wo wir Ausdrücke treffen, wie es solle jeder »alles gut alz lieb es im sei ..... nichts ausgenommen .....« und »nachdem er solches um bahr Geld hingeben wollte«, versteuern, da haben wir den einheitlichen Vermögensbegriff anzunehmen.

Im 13. Jahrhundert[1]:

Lübeck 1260 (Hartwig S. 40).
Innsbruck 1282—1304 (Kogler S. 589).
[Hall i. Tirol 1303 (Kogler S. 610).]
Augsburg 1291 (Schönberg S. 278).

[1] In Ulm, Mühlhausen und Angermünde (Zeumer S. 82) wurden geistliche Güter nach dem Kapitalwerte herangezogen. Zeumer sagt (S. 88): Das läßt mit Sicherheit auf eine Vermögenssteuer schließen. Was meint Zeumer damit? Unseres Erachtens kann man hier höchstens auf eine Veranlagung der Immobilien nach dem Kapitalwerte schließen. Ob Mobilia überhaupt herangezogen wurden und in welcher Form, bleibt uns unbekannt. Dasselbe gilt für Nördlingen im 13. Jahrhundert (Dorner).

Freiberg 1294 (Gräser S. 196).
Hildesheim um 1300 (U.-B. I. S. 294 Art. 142, 4).

Im 14. Jahrhundert:

Liegnitz 1321 (Tschoppe und Stenzel S. 201).
Greifswald 1322 (von Bilow, Pommern und Rügen 1843, S. 194).
Wismar 1345 (Techen, Hansische Geschichtsquellen 1906, S. 80).
München 1347 (Schönberg S. 277).
Dortmund (Rübel I S. 39).
Zürich 1366 (Neujahrsblatt S. 44).
Überlingen 1390 (Schäfer S. 120 ff.)
Regensburg 1395 (Gemeiner II S. 325).
Memmingen 1396 (Freiberg S. 297).

Im 15. Jahrhundert:

Weimar 1431 (Hertzer S. 3).
Basel 1429 (Schönberg S. 135).
Mainz 1437 (Hegel, Verfassungsgeschichte, S. 99).
Speyer 1440 (Schönberg S. 275).
Rotenburg 1448 (Bensen S. 311).
Nördlingen (Dorner S. 12).
Worms 1448 (Boos, Monumenta III, S. 638).
Hamburg 1450 (Kämmereirechnungen, Einleitung).
Bern 1458 (Zeitschr. f. schweiz. Statistik 1900, II, S. 173 ff.).
Leipzig 1481 (Quellen zur Geschichte Leipzigs, I, S. 68).
Meißen 1481 (Richter, Verfassungs- und Verwaltungsgeschichte von Meißen, S. 1).
Dresden 1488 (Richter, Verfassungsgeschichte von Dresden II, S. 64).
Magdeburg 1481 (Bielfeld S. 11).
Frankfurt 1495 (Bücher, Festschrift S. 129; Bothe S. 68).

Wenn wir nun davon ausgingen, daß unser Vermögenssteuerbegriff eine Reduzierung der Gütersumme auf die Einheit des Geldwertausdrucks enthält, so bleibt gleichwohl noch *manches problematisch. Handelt es sich um den Kaufwert* oder um den Ertragswert? Daß beide auch im Mittelalter durchaus nicht von vornherein zusammenfallen müssen, halte ich für selbstverständlich, und es ist mir nicht klar, warum Bücher in seinen Deduktionen stillschweigend Ertragswert und Kaufswert als gleichbedeutend gebraucht. (Festschrift besonders S. 138). Wenn die Steuerordnungen angeben, jeder solle seine Güter einschätzen, »nachdem er solches um bar Geld wolle hingeben«, so ist klar, daß hier der Verkaufswert gemeint ist. Der Ausdruck »so lieb sie ihm sind«, der wohl am häufigsten wiederkehrt, ist freilich nicht so deutlich. Indessen gewinnt man schon aus der häufigen Nebeneinanderstellung und Gleichsetzung beider Ausdrücke, wie aus anderen Umschreibungen des letzteren die Überzeugung, daß er dasselbe bedeutet. Ob nicht in Ermangelung von Verkaufswerten besonders in früheren Jahrhunderten oft statt ihrer Ertragswerte tatsächlich benutzt worden sind, interessiert uns nicht so sehr, weil wir ja in erster Linie die Ideen der Steuergesetze selbst ermitteln wollen. Wie schwierig übrigens jene Frage ist, kann man schon daraus ersehen, daß heute noch keine vollständige Klarheit in der Steuertheorie und -praxis darüber herrscht. Das preußische Ergänzungssteuergesetz hat keine Bestimmung darüber, ob unter »Wert« der Kaufwert oder Ertragswert gemeint sei. Fuisting vertritt, gestützt auf seine Theorie und die Entscheidungen des Oberverwaltungsgerichts, die Auffassung, es müsse immer der Kaufwert zugrunde gelegt werden. Die »Technische Anleitung« dagegen und eine verbreitete Anschauung überhaupt gehen davon aus, daß in vielen Fällen der Ertragswert ein besserer Maßstab sei, als weit zurückliegende Kaufpreise, und daß man ihn deshalb vorzuziehen habe [1].

---

[1] Kommentar zum preußischen Ergänzungssteuergesetz. 2. Aufl. 1905, § 9, S. 57 ff.

Können wir nun im allgemeinen annehmen, daß die Steuergesetze den Verkaufspreis verlangen, so tritt eine besondere Schwierigkeit ein bei den Renten. Heidenhain hat darauf hingewiesen (S. 76), daß die unablösbare Rente bei stark schwankendem Zinsfuß, also besonders in älterer Zeit, einen stark schwankenden Verkaufswert gehabt haben muß, der vor allem im Gegensatz zu den Verhältnissen bei der heutigen Hypothek nicht dem Ankaufspreis zu entsprechen brauchte; die Steuergesetze aber trafen für diesen Fall keine besondere Bestimmung. Ein Punkt, auf den Heidenhain ebenfalls hingewiesen hat (S. 58—59), betrifft die Berücksichtigung der Belastung beim Grund und Boden. Wo die Steuer nach dem Verkaufswert erhoben wird, bedeutet dies im Mittelalter eine Berücksichtigung der Schulden, weil alle Renten vom Preise des Grundstücks abgezogen werden mußten; moderne Hypotheken gab es noch nicht. Notwendige Konsequenz des besprochenen Vermögensbegriffs ist es ferner, daß ausstehende Forderungen besteuert wurden. Dasselbe gilt für den Abzug der persönlichen Kapitalschulden. Daß einzelne Steuerordnungen diese Konsequenzen nicht in voller abstrakter Strenge durchgeführt haben, hat Heidenhain (S. 93 ff.) gezeigt.

b) Komplizierte Vermögenssteuerbegriffe.

Gegenüber dem einheitlichen Steuerbegriff, der auf dem Geldwertausdruck beruht, haben wir in einigen Städten »komplizierte« Begriffe. Für die eine Gattung von Objekten ist hier der Wert, für eine andere der Ertrag, für die dritte ein fester Geldsatz Steuerbemessungsgrundlage. Ein besonderer Fall liegt vor, wenn in Worms im 15. Jahrhundert die Besteuerung fast aller in Frage kommenden Objekte nach festen, fertigen Steuersätzen erfolgt[1]; dann kommt ein eigentlicher Vermögensbegriff gar nicht erst zustande; die Veranlagung und Bewertung ist dann in besonderer Weise geregelt, unter

[1] Boos, Geschichte der rheinischen Städtekultur, 1899, III, 246 ff.

Umständen allerdings mit innerer Berücksichtigung des Ertrages. In Naumburg 1305[1], in Mühlhausen[2] (Mitte des 14. Jahrhunderts), in Schweidnitz[3] (1328) und Eisenach im 15. Jahrhundert[4] sind für viele Besitzgattungen feste Sätze angegeben, die einen zu versteuernden Kapitalwert darstellen sollen, während sonst der individuelle Kapitalwert Bemessungsgrundlage ist. Man könnte diese letzteren Vermögenssteuerbegriffe noch als durchaus einheitliche ansehen, wenn nicht in der Methode fester Sätze, die der Form nach Kapitalwerte darstellen, doch zuweilen das Ertragsprinzip erkennbar wäre, wie wir noch ausführen wollen. So z. B. bei den Brot-, Fleisch- und Schuhbänken in Schweidnitz und überall bei der Landbesteuerung nach Hufen.

In Nürnberg, Frankfurt, Rotenburg (1407) und Haigerloch[5] finden wir jene komplizierten Vermögenssteuerbegriffe, die Bücher als typisch für das Mittelalter erklärt. Nach dem bis heute bekannten Material ist aber ihre Zahl, wie wir sehen, bei weitem geringer als die der Städte, resp. Steuerordnungen mit einheitlichem Vermögenssteuerbegriff. In den genannten vier Städten nun werden die Mobilien, insbesondere Bargeld und Kaufmannsware, zum Kapitalwert versteuert, die übrigen Objekte teils nach festen Sätzen, teils nach dem Ertrage. Hier fehlt also der einheitliche Geldwertausdruck. Heidenhain hat nachgewiesen, daß er gleichwohl jenen Städten nicht unbekannt gewesen sei, so daß anzunehmen wäre, man habe ihn aus verwaltungstechnischen oder steuerpolitischen Gründen nicht eingeführt. Wir kommen darauf zurück. Das Problematische dieses Steuerbegriffs hat Bücher zuerst betont. Man

[1] Gräser, S. 200.

[2] Graßhof S. 118.

[3] Tschoppe und Stenzel S. 260.

[4] Ortloff, Johann Purgoldts Rechtsbuch, S. 345 ff., Art. 2—4, 23.

[5] Schönberg, für alle 4 Städte, S. 279 ff. — Sander (Nürnberg) I, S. 337 ff. -- Bücher, Festschrift. — Bothe (Frankfurt). — Bensen (Rotenburg) S. 308 ff.

halte es nicht für unnütze Pedanterie, wenn der Verfasser dagegen protestiert, daß Steuerbegriffe wie die der genannten vier Städte als »Mischung von Vermögens-, Einkommens- und Ertragssteuern« bezeichnet werden. So ungefähr drücken sich immer noch die meisten Finanzhistoriker aus, die überhaupt eine kritische Betrachtung für nötig halten. Eine solche Ausdrucksweise aber erweckt immer wieder die Vorstellung, als ob es sich hier um eine inkonsequente Kombination moderner Steuern handele, während jene komplizierten Begriffe eigenartige Phänomene sind, die durchaus dem Mittelalter angehören und, wie wir noch sehen werden, sich aus der Wirtschaftsgeschichte erklären lassen. Es soll nicht behauptet werden, daß Ausdrücke wie »komplizierter« oder »dualistischer« Vermögenssteuerbegriff sehr glücklich gewählt wären, aber der Steuergeschichte wäre ein Dienst erwiesen, wenn die Autoren sich gewöhnen würden, auf solche besonderen Erscheinungsformen nicht die Kategorien der modernen Finanzwissenschaft anzuwenden: denn es handelt sich nicht bloß um einen Namen, sondern um eine Vorstellung. An sich wäre es nicht einmal unmöglich gewesen, daß dem mittelalterlich Denkenden, der in der Heranziehung der Immobilia nach dem einmaligen Ertrage und der Besteuerung der Fahrhabe nach dem Geldwerte die Darstellung wirtschaftlicher Leistungsfähigkeit sah, eben jene nach unserer Anschauung ungleichartigen Bestandteile des Vermögens in der Vorstellung zu einem Ganzen, zu einem Bilde des »Vermögens« geworden wären. Da indessen stets auch das Prinzip fester Steuersätze für einzelne Objekte angewandt wird, konnte es zu einer solchen Vorstellung des Vermögens schon deshalb nicht kommen.

Der Abzug persönlicher Kapitalschulden, eigentlich notwendige Konsequenz jedes objektiv-allgemeinen Vermögenssteuerbegriffs, fand statt in Rotenburg und Haigerloch allgemein (Heidenhain S. 95), ebenso in Eisenach (Art. 42), in Frankfurt nur an beweglichem Vermögen (Heidenhain S. 95).

Über die Besteuerung ausstehender Forderungen, jene zweite Konsequenz eines objektiv-allgemeinen Vermögenssteuerbegriffs, hat Heidenhain (S. 93 ff.) gehandelt.

Der komplizierte Vermögenssteuerbegriff, soweit wir ihn kennen, ist ebenso unzureichend gegenüber der Erfassung von Arbeits- und Unternehmereinkommen, wie der einheitliche. Da auch in Nürnberg, Frankfurt, Rotenburg und Haigerloch eine Besteuerung nach dem Ertrage nur bei Immobilien und Renten (auch hier nur zum Teil) stattfindet, während im übrigen nur der Besitz, die bewegliche Habe als solche, herangezogen wird, so muß sowohl Einkommen aus Lohnarbeit wie Unternehmergewinn jeder Art von der Steuer unangetastet bleiben. Eine Ausnahme dürfte höchstens die Besteuerung gewisser konkreter Erscheinungsformen gewerblicher Betriebsamkeit in Frankfurt bilden, in welcher man nach Bücher eine Heranziehung gewerblicher Erträge sehen könnte (Festschrift S. 137).

Daß in Nürnberg im 15. Jahrhundert einmal der komplizierte Begriff gleichzeitig mit dem einheitlichen auftrat, daß in Frankfurt noch 1495 der erstere durch den letzteren ersetzt wurde, daß es in Worms fast umgekehrt war, hat Heidenhain (S. 8) betont. Durch solche Beobachtungen dürfte irgendwelchen neuen phantastischen Hypothesen über die Entstehung der komplizierten Vermögenssteuerbegriffe wohl der Boden entzogen werden, während die Büchersche Erklärung, wie noch ausgeführt werden soll, dadurch nicht an innerer Wahrscheinlichkeit verliert.

Das Prinzip der festen Sätze.

Manche Steuerordnungen schreiben für einzelne Objekte von vornherein feste Geldsätze vor, nach denen sie bewertet oder versteuert werden sollen. Wir finden das im Mittelalter in folgenden Städten: in Naumburg 1305, in Schweidnitz 1328, Mühlhausen i. Thür. Mitte des 14. Jahrhunderts, Frankfurt a. M.

1354 und 1475, Rotenburg 1382, Zürich 1365, ferner in Nürnberg im 14. bis 16. Jahrhundert, in Worms im 15. Jahrhundert und in Haigerloch in der bekannten Steuerordnung von 1457. Die festen Sätze bezogen sich in Naumburg auf die Hufe Ackers, ebenso in Mühlhausen und Schweidnitz; in Nürnberg wurden die Wiesen nach Tagwerken, die Weingärten nach Morgen mit festen Sätzen belegt; in Frankfurt waren Steuersätze vorgeschrieben für den Acker nach der Hufe, für Wiesen und Weingärten nach Morgen; in Rotenburg für Äcker, Weingärten und Holzungen nach Morgen, für Wiesen nach Tagewerken; in Haigerloch gab es einen Satz für »die besten Juchard Ackers«. In Worms endlich wurden Äcker, Wiesen, Weide und Weingärten nach Morgen, ganze Güter nach der Größe und sogar auch Häuser nach festen Sätzen besteuert, was wir nur noch in Eisenach finden. Die festen Sätze erstrecken sich aber auch auf andere Besitzkategorien. Sie finden sich für die verschiedenen Arten der Renten und Gülten, für die verschiedenen Gattungen Vieh, für Vorräte an Getreide, Samen, Wein, Bier usw., zuweilen für Kleidungsstoffe, endlich auch für einzelne konkrete Erscheinungsformen gewerblicher Tätigkeit. In Naumburg wurden Vieh, Vorräte und Kleiderstoffe nach differenzierten Sätzen versteuert, in Frankfurt Vieh und Bienenstöcke, in Rotenburg Geflügel und verschiedene Vorräte, in Haigerloch Vieh und Vorräte, in Zürich Vorräte. In Frankfurt belegte man die Stände im Kaufhaus der Weber, ferner Tuchrahmen und Pressen, in Schweidnitz die Fleischbänke, Schuhbänke usw. mit festen Sätzen.

Es sind nun theoretisch zwei Fälle zu unterscheiden: entweder wird gleich ein bestimmter Steuersatz vorgeschrieben, z. B. eine Hufe Landes zahlt 6 Schillinge Steuer (Frankfurt a. M.) oder die Bewertung des Objektes wird angegeben, z. B. eine Hufe Landes wird einem Kapitalwert von 14 Mark gleichgesetzt (Naumburg) und davon später die gewöhnliche Steuer erhoben. Ein wesentlicher Unterschied ist das jedoch nicht.

Was bedeuten nun solche feste Sätze? Heidenhain nennt diesen Modus »Besteuerung nach der Größe beim Acker, nach der Zahl beim Vieh« und geht darüber hinweg (S. 5, 54 und 55). Er betont nur noch, daß es sich um ein Mittel der Steuertechnik handele. Um den Schwierigkeiten einer Einschätzung nach schwer zu ermittelnden Kaufwerten oder kapitalisierten wirklichen Ertragswerten vorzubeugen, um die Neigung des Publikums zu Defraudationen unwirksam zu machen, deshalb habe man sich mit solchen Durchschnittszahlen begnügt, die in jenen relativ einfachen Wirtschaftsperioden noch erträglich seien und jedenfalls eine sichere, konstante Grundlage der Bewertung gäben. So ungefähr der Gedankengang Heidenhains (S. 11 ff.). Man könnte es etwas schärfer so ausdrücken: die Einschätzung nach festen Sätzen steht in der Mitte zwischen Selbstdeklaration und behördlicher Einschätzung. Nicht der Steuerzahler, aber auch nicht die Behörde, sondern das über beiden stehende Gesetz besorgt die Bewertung bei der Einschätzung. Ob fertige Steuersätze vorgeschrieben sind, oder ob durchschnittliche Kapitalwerte gegeben werden, war nur ein formaler Unterschied. Es fragt sich nun, was für Wertvorstellungen denn jenen festen Kapitalwerten wie jenen Steuersätzen eigentlich zugrunde liegen? Allgemein ist das nicht zu entscheiden. Dennoch kann man mit Bücher (Festschrift S. 131, 136) in vielen Fällen an eine Berücksichtigung des durchschnittlichen Ertrages denken. Ertrags- und Kaufwert sind ja insofern überhaupt keine Gegensätze, als der Kaufwert bloß ein kapitalisierter Ertragswert sein kann; aber man darf doch nicht übersehen, daß beide erheblich voneinander abweichen können — man denke nur an die Landwirtschaft — und daß gerade der Kaufwert sich durch feinere oder gröbere Beisätze mannigfachster Art vom Ertragswert unterscheidet, die vom einzelnen Fall abhängen und sich gar nicht in eine Regel bringen lassen. Man kann apriori behaupten, daß es auch im Mittelalter so gewesen sei. Denn welcher Käufer wird damals genau den Preis bezahlt haben, der einem zum herrschenden Zinsfuß kapitalisierten Ertrage entsprach, welcher Verkäufer immer nur genau diesen Preis verlangt haben, besonders wenn man bedenkt, daß genaue individuelle Ertragsberechnungen in jener Zeit kaum möglich waren? Während daher die Kaufwerte immer einigermaßen geschwankt haben und von zufälligen, einmaligen Einflüssen abhängig gewesen sein werden, während genaue individuelle Ertragsberechnungen schwer denkbar sind, dürfte damals, in verhältnismäßig primitiver Zeit, auch noch im 15. Jahrhundert, für eine bestimmte Stadt und für bestimmte Kategorien von Grund und Boden die Annahme von Durchschnittserträgen nicht so sehr von der Wahrheit abgewichen sein. Sollte nicht in dem gleichmäßigen festen Satze vieler Steuerordnungen für ein Einheitsmaß von Landbesitz in einer Stadt der Versuch zu erblicken sein, solche durchschnittlichen Ertragswerte zu schaffen, resp. vorauszusetzen? Erinnert nicht dieser Steuermodus fester Sätze — der immerhin gegenüber der Versteuerung nach dem Kapitalwerte in den Städten der seltenere ist — bis zu einem gewissen Grade an die alte ländliche Hufensteuer? Freilich, Unterschiede sind da, und je mehr später die Häuser, Höfe, Gärten und Wiesen als besondere Steuerobjekte hervortreten — von der Renten- und Mobiliarbesteuerung gar nicht zu reden — desto mehr verschwindet die Ahnlichkeit der Veranlagung nach Hufen Ackers in den Städten mit der »einzigen« Steuer des Landes. Daß aber die Idee des durchschnittlichen Ertrages hier und da hervorgetreten ist, dafür haben wir manche Anzeichen: Die von Bücher (Festschrift S. 131, 136) angeführte Unterscheidung intensiv und extensiv bewirtschafteter Grundstücke ist noch nicht so deutlich wie folgende Beispiele. In Mühlhausen, Mitte des 14. Jahrhunderts, wurden Hufen, gemessene und ungemessene, zu festen Sätzen versteuert. Dann heißt es: were si aber erger (id est, fügt Graßhof S. 118 hinzu, si non esset satis culta vel frugifera) so sal si verschoßt werden, als sie werd ist. Graßhof nimmt also auch an, daß man hier mit einem durchschnittlichen Ertrage rechnete. — Für Haigerloch, wo ähnliche Unterschiede waren, dürfte dieselbe Erklärung anzunehmen sein. — In Nürnberg wurde ein Tagwerk Wiese, das eine Heuernte lieferte, mit 30 Hellern besteuert, ein solches, das zwei Heuernten gab, mit 40 Hellern. —

Ähnlich dürfte an eine Berücksichtigung des gewerblichen Ertrages zu denken sein — wenn auch in sehr roher Weise — wenn die Stände im Kaufhaus, die Tuchrahmen der Weber, die Fleischbänke usw. nach festen Sätzen besteuert werden[1] [2]. Da freilich, wo bloße Vorräte versteuert werden, ist an einen Ertrag nicht zu denken. Endlich treten feste Wertsätze auch auf bei der Besteuerung der Renten.

Die Modi der Rentenbesteuerung.

Die Besteuerung von Renten und Gülten[3] kann nach dem Ertrage, nach dem kapitalisierten Ertragswert, dem An- und Verkaufspreise erfolgen.

Der Ertrag, d. h. hier die jährliche Rente selbst, ist Bemessungsgrundlage in Nürnberg im 15. Jahrhundert, in Frankfurt 1354 und 1475, sowie in Rotenburg 1407 (Bensen S. 310)[4] [5]. Hier ist also für die Währungsgülte ein fester

[1] Bücher, Festschrift S. 137.

[2] Die in einem festen Satz bestehende Steuer, die jeder Handwerker in Eisenach zu zahlen hat (Art. 23/24), welcher Gesellen hält, besitzt dagegen nach der dort gegebenen Begründung mehr einen gewerbepolitischen Charakter: Sie soll dem Überhandnehmen des Meisterwerdens entgegenarbeiten.

[3] Über die Probleme dieses Themas hat Heidenhain (S. 63—92) so ausführlich gehandelt, daß wir hier nur auf seine Deduktionen verweisen möchten und uns darauf beschränken wollen, eine systematische Übersicht der verschiedenen Steuermodi zu geben. Über das Verhältnis der Satzhöhe für Geld- und Naturalrenten in einzelnen Steuerordnungen werden wir in einem späteren Teile handeln, der reicheres Material liefert.

[4] Über die Ausdehnung dieses Rentensteuerprinzips auf Häuser und Immobilien in Frankfurt und Rotenburg siehe später S. 102.

[5] Da die vorübergehende Steuer in Rotenburg auf Grund von Studien des Nürnberger Gesetzes und ganz nach dessen Muster eingerichtet war, so behält

Steuersatz vorgeschrieben, z. B. ein Gulden jährlicher Rente zahlt 20 Heller. Bei diesem Modus wird auf den An- oder Verkaufspreis, auf den Kapitalwert der Rente keine Rücksicht genommen, höchstens insofern die Leibrente in beiden Städten nur den halben Satz der ewigen Rente bezahlt (vgl. Heidenhain S. 83). Komplizierter liegt die Sache bei den Naturalgülten. Sie werden entweder in Geldgülten umgerechnet und zwar nach einem gesetzlich bestimmten Wertsatze: Frankfurt 1475 und Rotenburg 1382; in diesem Falle ist der schwankende Marktpreis der Naturalien durch einen festen Geldansatz ersetzt, und hierin liegt das Willkürliche der Steuerart — oder aber es existieren feste Steuersätze für die Maßeinheit der Naturalien: Nürnberg im 15. Jahrhundert, Frankfurt zum Teil 1475; alsdann hat das Gesetz bereits selbst die Schwierigkeit der Bewertung auf sich genommen, was natürlich auch eine gewisse Willkür in sich schließt.

Der kapitalisierte Ertragswert ist Grundlage in mehreren anderen Städten. Bei Geldgülten ist hier von vornherein ein bestimmter Kapitalwert, oder was dasselbe bedeutet, ein bestimmter Kapitalisierungsmodus vorgeschrieben, z. B. ein Pfund Ewiggeld soll wie acht Pfund Kapitalwert versteuert werden. Dies war der Fall in Naumburg 1305, in München 1347 (Schönberg 276), Augsburg 1368 (Schönberg 277), Rotenburg 1382, Dortmund im 14. Jahrhundert (Rübel S. 38), Lübeck 1421 (Hartwig S. 42/43), Haigerloch 1475, Köln 1544 (Walter S. 183), in Rostock 1530 (Koppmann S. 10). Hier weist Heidenhain darauf hin, daß die Umrechnungssätze der Steuerordnungen stets unter dem Einflusse des jeweils herrschenden Zinsfußes stehen (S. 79/80)[1]. Diehl nimmt für

Heidenhain gewissermaßen Recht, wenn er sagt, daß jener Veranlagungsmodus außer für Frankfurt und Nürnberg für keine andere Stadt nachgewiesen ist.

[1] Leibrenten wurden übrigens in Augsburg und München durch entsprechende Kapitalisierungsvorschriften niedriger belastet. Darüber, wie über Versuche anderer Steuerordnungen zu gerechter Belastung der Leibrenten, siehe Heidenhain S. 83 ff.

Eßlingen[1] an, daß ein nach dem jeweiligen Zinsfuß berechneter Wert besteuert wurde, wobei die Stadt womöglich die Kapitalisierungsziffer festsetzte; Hartwig für Lübeck[2], daß die Renten nach dem zur Zeit ihrer Entstehung üblichen Zinsfuß berechnet wurden. Für die Naturalrenten kommen bei diesem Prinzip folgende Möglichkeiten in Betracht: a) die Umrechnung in Geld ist dem Besteuerten überlassen; die Kapitalisierung erfolgt aber nach einem bestimmten vorgeschriebenen Verhältnis, z. B. 5 : 100. Köln 1544 (Walter S. 183), Rostock 1530; b) für die Maßeinheit in Naturalien wird ein bestimmtes Geldkapital angesetzt: Haigerloch 1475[3]. Daß jeder dieser Modi wieder nach irgendeiner Richtung etwas Willkürliches hat, leuchtet ein.

Endlich kann die Besteuerung auch nach dem Verkaufswerte erfolgen[4]. Diese Manier findet sich vornehmlich in Steuerordnungen, die den einheitlichen Geldwertausdruck des konsequenten Vermögensbegriffs haben; sie bietet, von etwaigen praktischen Schwierigkeiten, die uns hier nicht interessieren, abgesehen, nichts Besonderes und soll nur der Vollständigkeit halber erwähnt werden.

Besteuerung des Grundbesitzes nach dem Ertrage.

Eine Besteuerung von Grundstücken nach dem Ertrage, die als solche offen, schon in der Form der Besteuerung, hervortritt[5], ist in den Städten im allgemeinen selten. Es muß das gegenüber den Konsequenzen, die sich aus der Bücher-

[1] Diehl, Württemb. Jahrb. 1900, I, S. 74.

[2] Hartwig, a. a. O. S. 43.

[3] Ebenso: Leibgedingsgelten beim Stallgeld in Straßburg (Eheberg S. 355).

[4] Warum an eine Besteuerung ewiger Renten nach dem Ankaufspreis, wenigstens im älteren Mittelalter, nicht zu denken war, erklärt Heidenhain S. 76.

[5] Unter Ertragsprinzip verstehen wir hier den Modus der Besteuerung nach der jährlichen Rente im Gegensatz zur Heranziehung nach dem Kapitalwert des ganzen ertraggebenden Objekts. Nur auf diesen Gegensatz kommt es hier an. Wir verzichten daher hier auf eine Erörterung der Begriffe »Ertrag« und »Einkommen«.

schen Theorie ziehen lassen, besonders betont werden. Es ist insofern bis zu einem gewissen Grade Zufall, daß Bücher von der Frankfurter Steuerordnung ausgegangen ist. In Frankfurt nämlich wird außer den Renten und Gülten nach der Ordnung von 1475 Grundbesitz bei Erbpacht und Landsiedelleihe nach dem jährlichen Einkommen, nach der Pachtrente besteuert, während bei Zeitpacht, Teilbau und Eigenbau Besteuerung nach festen Sätzen für die Hufe eintrat. Den Grund dieser Unterscheidung sieht Bücher darin, daß bei Erbpacht und Landsiedelleihe der Eigentümer des Bodens sich der Verfügung über denselben fast definitiv begeben hat, woraus die Gleichstellung mit der bloßen Rente oder Gülte einleuchtet. Weiter wird bei Gartenland die bei etwaiger Verpachtung zu erzielende Rente zugrunde gelegt; verpachtete oder zu bloßen Wirtschaftszwecken benutzte Hausgärten und Höfe werden ebenso behandelt; verpachtete Mühlenwasser besteuert man nach dem Leihzins, Mühlen im allgemeinen aber nach einer festen Durchschnittsrente, die nach Bücher (S. 135) dem Durchschnittsbetrag des in natura gezahlten Mahllohns gleichkommt. Es werden endlich die Legeschiffe der Fischer zu einem festen Geldsatze versteuert, der dann wie eine Gülte behandelt wird. Nimmt so das Ertragsprinzip in der Frankfurter Steuerordnung einen breiten Raum ein, so tritt es sonst unseres Wissens nur noch in Rostock stark in den Vordergrund. Hier ist es jedoch der kapitalisierte Ertrag, nicht die jährliche Rente selbst, der die unmittelbare Steuerbemessungsgrundlage bildet. Nach dem Schoßmandat von 1530[1] werden nämlich dort alle Erträge aus Grundstücken, Häusern und Renten im Verhältnis von 5 : 100 zu Kapital verrechnet. Wie schon Heidenhain bemerkt, läßt sich nicht feststellen, ob Roherträge oder Reinerträge gemeint sind. Sonst finden wir das Ertragsprinzip nur noch für einzelne Immobilien in Roten-

[1] Koppmann, Beiträge. B. II, H. 3, S. 10—12. — Stieda S. 18.

burg 1382, wo ein Hof mit Äckern und Wiesen nach dem Betrage versteuert werden soll, zu dem man ihn in Erbpacht geben würde, und endlich in Haigerloch für Scheuern, Baumgärten und Wiesen.

Bestimmungen über Schuldenabzüge finden sich da, wo das Ertragsprinzip herrscht, nirgends in den Steuerordnungen (vgl. Heidenhain S. 59/60).

Eine größere Rolle spielt das Ertragsprinzip jedoch bei der Besteuerung der Häuser.

Die Modi der Häuserbesteuerung.

Es gab folgende Modi:

1) Der Mietzins ist Grundlage für vermietete Häuser, der Kapitalwert für eigene: Nürnberg.

2) Nicht selbst bewohnte Häuser werden nach dem Kapitalwert besteuert, eigene nach dem Zinsertrage. In Augsburg heißt es 1368 (Schönberg 278/79), ein selbst bewohntes Haus solle jeder versteuern: »als ez ze zins gestanden ist; wer ez aber nicht ze zinse gestanden, so sol er ez verstiuren als tiur er siche bi sinem eide versiht daz ez zinses gelten mochte, je ein Pfund fur czehen Pfund truckener pfennig« (Augsburg 1368). Dieser seltsame Modus kommt außer in Augsburg auch in Eßlingen 1315 vor (Diehl I, S. 73). Man vergleiche darüber Heidenhain S. 58.

3) Alle Häuser, eigene und vermietete, werden nach dem wirklichen oder nach dem eventuell erzielbaren Mietertrage besteuert: Frankfurt im 15. Jahrhundert, Haigerloch 1457. In Frankfurt wurden außerdem Bodenzins und Unterhaltungskosten vom Mietwert abgezogen; bei eigenen Häusern wurde außerdem ein Teil des sonst zu erzielenden Ertrages für den Sitz als steuerfrei abgerechnet (Bücher, Festschrift S. 134 und 154).

4) Feste Steuersätze gab es in Worms; sie waren aber nach der Qualität der Häuser differenziert und zwar von 15 Kr. bis 2 Fl. 30 Kr. — In Eisenach gab es Sätze zu 3, 5 und 10 Schilling.

5) In der Mehrzahl der Städte, da, wo der einheitliche Vermögensbegriff herrscht, wird der Kapitalwert, der Kaufwert zugrunde gelegt.

Das Wesen des Ertragsprinzips in der Immobiliarbesteuerung.

Was bedeutet nun die Besteuerung gewisser Besitzkategorien in einzelnen Steuerordnungen nach dem Ertragsprinzip? Mit der Beantwortung dieser Frage wäre die Entstehung der komplizierten Vermögensbegriffe, die doch in ihrer bloßen Erscheinung schon ein Problem bilden, im wesentlichen aufgeklärt. Denn über das Wesen jenes anderen Prinzips, welches die Steuerbegriffe kompliziert, nämlich der festen Geldsätze, sind wir ja bereits aufgeklärt. Außer jener ersten Frage ist noch die zu beantworten: wie kommt es, daß die Mehrzahl der städtischen Steuern, welche die ganze Leistungsfähigkeit der Personen erfassen wollen, das Ertragsprinzip nicht kennt? Die Beantwortung der ersten Frage hat Bücher in folgender Weise gegeben: »Das Mittelalter schätzte nur den Wert des Ertrages, in welchem die Bedeutung eines Vermögensobjektes konkret in die Erscheinung trat» [1]. Die Besteuerung der Landwirtschaft und einiger anderer Erwerbsquellen geschah nach dem Ertrage, weil der Boden im Mittelalter gebunden und schwer realisierbar war, nicht regelmäßiger Tauschwertschätzung unterlag, sondern immer nur in der Form der jährlichen Erträge für die Wirtschaft eine Bedeutung gewann, die zahlenmäßig zu erfassen war. Anders war das beim beweg-

[1] Festschrift S. 139.

lichen Vermögen. Deshalb wurde das letztere nach dem Kapitalwert besteuert. Dies der Gedankengang Büchers Nun hat Heidenhain diese Theorie zu widerlegen versucht. Er hat darauf hingewiesen, daß schon im 14. Jahrhundert andere Steuerordnungen mit kapitalisierten Ertragswerten vorkommen, hat freilich zugeben müssen, daß für die Entstehung der Steuergesetze in früherer Zeit Büchers Argumente zutreffen dürften. Aber Heidenhain scheidet hier unseres Erachtens zu wenig die Frage der Besteuerung nach festen Sätzen von der nach dem Ertrage. Er erklärt wohl wie die festen Sätze aus verwaltungstechnischen und steuerpolitischen Gründen fortgedauert haben: Aber die spezielle Erklärung für die Beibehaltung der Ertragsbesteuerung (S. 12) ist wenig stichhaltig. Der Gefahr, daß bei Kapitalisierung der Renten betrogen wurde, konnte man doch durch genaue Kapitalisierungsvorschriften begegnen, wie wir sie in anderen Städten finden, ohne daß die Einführung des einheitlichen Vermögensbegriffs dadurch hintangehalten worden wäre. Wenn aber Bücher hier uneingeschränkt Recht hätte, wie kommt es dann wieder, daß in der Mehrzahl der mittelalterlichen Städte selbst in früherer Zeit doch der Grundbesitz nach dem Kapitalwert besteuert wurde? Denn wir müssen immer wieder betonen: Das Ertragsprinzip ist überall der seltenere Fall. Man könnte nun sagen: Die Städte, in denen die Ertragsbesteuerung vorkommt, sind verhältnismäßig noch mit ihrer Entwicklung im Rückstande oder waren es zu einer Zeit, als wo anders das Wertprinzip eingeführt wurde. Ein so allgemein gehaltenes Argument ist aber kaum zu beweisen. Es ist nicht anzunehmen, daß die Frage überhaupt jemals näher aufgeklärt werden kann, weil die Faktoren der steuerlichen und wirtschaftlichen Entwicklung überall zu verschiedene waren. Daß für die ursprüngliche Einführung und zum Teil auch für die Beibehaltung des Ertragsprinzips aber der von Bücher genannte Grund maßgebend gewesen sei, ist wohl kaum zu bestreiten. Jene

Büchersche Theorie liefert uns auch für das Verständnis der Entwicklung der direkten Steuern auf dem Lande und im Ausland ein sehr förderndes Hilfsmittel.

Die Satzdifferenzen.

Die Erscheinung des komplizierten Vermögenssteuerbegriffes tritt zuweilen auf in Verbindung mit einer anderen, die wir bisher absichtlich eliminiert haben: Einer differenziellen Behandlung der Vermögenskategorien, besonders der liegenden und fahrenden Habe, im Steuersatze. Indessen hat die Mehrzahl der Städte, in denen sich die letztere Erscheinung findet, den einheitlichen Vermögensbegriff.

Eine verschieden hohe Belastung von Mobilien und Immobilien kommt vor in Frankfurt bis 1495, in Überlingen im 15. und 16. Jahrhundert, in Ulm 1413, in Zürich 1366—1412, in Nürnberg vom 15. bis 16. Jahrhundert, in Eisenach im 15. Jahrhundert, in Konstanz im 15. Jahrhundert und endlich in Augsburg vom 14. bis 19. Jahrhundert, vielleicht auch schon früher[1], Frankfurt erfaßt die Fahrhabe nach dem Kapitalwert, die Immobilien nach Ertragsprinzip und festen Sätzen, Nürnberg die Fahrhabe nach dem Wert, Renten und Gülten nach festen Steuersätzen: die übrigen Städte- resp. Steuerordnungen haben den allgemeinen Vermögensbegriff. Der Satz für Mobilien ist meist doppelt so hoch wie der für Immobilien und Renten, für Frankfurt, Überlingen und Eisenach aber dreimal so hoch, in Nürnberg etwa doppelt so hoch für Mobilien als für die Geldrente und das Sechsfache der Naturalgültensteuer. Zu den Immobilien, die von dem niedrigeren Satze getroffen werden, gehören nicht überall Äcker, Wiesen und Weinberge, denn für sie hatte man in Frankfurt und Nürnberg feste Sätze, doch wurden sie in Frankfurt bei Erbpacht und Landsiedelleihe

[1] Heidenhain, der diese Erscheinung ausführlich erörtert, nennt bereits fast alle diese Städte, denen wir außer Eisenach (Ortloff S. 346) keine neue hinzufügen können.

auch wie Renten behandelt. Anderseits gehörten in Frankfurt zu den Immobilien folgende Rentenerträge: Häusermieten, Pachtzinse der Gärten, Höfe, Mühlen; sogar die Legeschiffe der Fischer wurden so behandelt. Die Renten gehörten natürlich überall zu den Immobilien, ausgenommen ablösbare und Leibrenten in Ulm und Eisenach (1413, Kölle S. 124, Heidenhain S. 69/70 und Ortloff Art. 42). Während die Landwirtschaft selbst vom niedrigen Satze getroffen wurde, werden die Überschüsse aus derselben in Gestalt von Vorräten — die über ein gewisses später zu besprechendes Existenzminimum hinausgehen — entweder vom höheren Mobiliarsatz erfaßt, oder wieder nach besonderen festen Sätzen besteuert.

Heidenhain ist nun zu dem Schluß gelangt — es ist nicht möglich, seine ganzen Ausführungen hier wiederzugeben — daß die Immobilien und Renten geschont worden seien, weil sie die Grundlage der Wirtschaft des mittelalterlichen Stadtbewohners bildeten, ihm das zum Leben Notwendige lieferten, während alles, was man über seinen Bedarf hinaus sammelte, z. B. Kapital für Handel und Gewerbe, Überschüsse aus der Landwirtschaft, höher besteuert werden konnte (S. 53). Heidenhains außerordentlich scharfsinnige Deduktion scheint mir unzweifelhaft für seinen Ausgangspunkt, die Stadt Überlingen am Bodensee, zuzutreffen. Wenn dieser Autor aber mit Recht an anderer Stelle (S. 63 Anm.) die Verschiedenheit der Entwicklung mittelalterlicher Städte betont und vor der Verallgemeinerung vereinzelter Beobachtungen warnt, so ist es seltsam, daß er hier alle anderen bisher aufgestellten Theorien so abstrakt verurteilt, während sich der vorurteilslose Leser mittelalterlicher und neuerer Steuerordnungen dem Eindrucke nicht entziehen kann, daß alle diese Anschauungen genau wie die von Heidenhain vertretene selbst sehr viel Wahrheit enthalten dürften. Hartungs Behauptung, daß die Mobilien sich der Steuer leichter hätten entziehen können, als die unbeweglichen Güter, und daß man deshalb einen Ausgleich durch höhere Belastung der ersteren versucht hätte, geht in ihrem Vordersatze von einer so allgemeinen, durch die Steuergeschichte aller Länder bestätigten Anschauung aus, daß man sie auch durch Heidenhains abstrakte Beweisführung (S. 30) nicht als widerlegt betrachten kann, sondern sehr wohl mit der Möglichkeit ihrer Geltung rechnen muß. Von der zweiten Theorie Hartungs, die in der höheren Belastung der Mobilien ein Zugeständnis an das Ertragsprinzip sieht, glaube ich vollends, daß sie in den Vorstellungen der Gesetzgeber eine Rolle gespielt haben wird, ja für die Erklärung der gleichen Erscheinung von Satzdifferenzen einzelner Steuerordnungen in neuerer Zeit, z. B. in Ulm und Hall im 18. Jahrhundert, kommt sie meines Erachtens ganz allein in Betracht. Daß freilich die Berechnungen und Beispiele Hartungs über die Rentabilität des Handels im Mittelalter allgemeinen Wert nicht haben, bedarf kaum einer näheren Auseinandersetzung für jeden, der sich etwas mit mittelalterlicher Wirtschaftsgeschichte beschäftigt hat, aber das beweist noch nichts gegen die Wahrscheinlichkeit der Theorie. Noch etwas modifiziert wird übrigens die letzte Hypothese von Bothe (S. 36), wenn er ausspricht, man habe das mobile Kapital höher besteuert, weil es disponibel gewesen sei und daher stets sofort in gewinnbringenden Unternehmungen hätte angelegt werden können, während die Gülten usw. festlagen. Die beiden von Hartung angeführten Argumente werden auch nur dann unwahrscheinlich, wenn man wie Heidenhain so streng auf dem Boden der Anschauung von der geringen Bedeutung des Handels und Kreditwesens im Mittelalter steht. Heidenhain übersieht hier trotz seines kritischen Blicks, daß auch diese Anschauungen nur Verallgemeinerungen einzelner gewiß gründlicher Forschungen sind, deren Charakter als allgemeiner Sätze aber ebenso hypothetischer Art ist, wie der der gegnerischen Theorien. Daß der wirtschaftliche Charakter Augsburgs im 15. Jahrhundert ebenso agrarisch gewesen sei, wie derjenige von Frankfurt oder Überlingen, ist höchst unwahrscheinlich. Und in Augsburg hat jene Satzdifferenz bis ins 19. Jahrhundert fortbestanden. Nun kann man wieder sagen: den reichen Kaufleuten und Handwerkern war es vielleicht bequem, jenen niedrigen Immobiliarsatz beizubehalten, weil sie ihre Gewinne wieder in Immobilien anlegten. Aber das zeigt nur, daß mit solchen allgemeinen Argumentationen alles zu beweisen ist, daß man etwas Sicheres nicht finden kann. Wenn Johannes Müller zeigt, wie im 16. Jahrhundert der Nürnberger Rat allmählich dazu überging, die unbeweglichen Güter stärker heranzuziehen [1], wenn wir sehen, wie Zürich [2] und Frankfurt [3] schon im 15. Jahrhundert die Satzdifferenz aufgeben, so kann das ebenso gut für die positive Theorie Heidenhains, wie für die zweite der von Hartung angeführten Hypothesen sprechen, in welchem Falle es Rücksicht auf Änderungen in der Rentabilität des mobilen Kapitals verraten würde. Ferner müssen wir Bothe Recht geben, wenn er für Frankfurt noch eine weitere Erklärung heranzieht (S. 36): es wird vorgekommen sein, daß man aus politischen Gründen die Kapitalsanlage in Äckern begünstigen wollte, um im Kriegsfalle recht viel korntragende Felder zu haben. Endlich enthält eine, von Heidenhain nicht benutzte Steuerordnung eine ausführliche Begründung für die niedrigere Belastung der Immobilien. In Art. 5 der Eisenacher Steuerordnung (Ortloff 346) (15. Jahrhundert) wird gesagt, man solle nur den dritten Teil des geschätzten Verkaufswertes von Landgütern zum Satze der Fahrhabe verschoßen, weil ein Teil brach liege, ein Teil als Gesindelohn verbraucht werde und nur ein Drittel den Nutzen bringe. Dies geschähe auch, damit man sich »deste lieber an erbe fleißige«, d. h. wohl, damit man zum Landbau angespornt werde, und weil die Güter

[1] Vierteljahrschrift für Sozial- und Wirtschaftsgeschichte 1909, 1.
[2] Neujahrsblatt S. 46.
[3] Bothe S. 68.

meist weit außerhalb der Stadt lägen und daher nur relativ geringen Nutzen brächten (Ortloff 346). Nach dieser Motivation liegt also eine — freilich äußerst rohe — Berücksichtigung der Ertragsverhältnisse vor, außerdem aber wohl auch die wirtschaftliche resp. politische Tendenz, zur Anlage des Kapitals im Landbau zu ermuntern. Wenn es auch nicht zu entscheiden ist, in welchen der anderen Städte das eine, in welchen ein anderes Motiv überwogen oder allein gewirkt hat, keins darf ganz außer acht gelassen werden.

An dieser Stelle sei auf einen bedeutungsvollen Kontrast hingewiesen: die Immobiliarsteuern des 12. bis 13. Jahrhunderts lassen die bewegliche Habe noch ganz frei, die eben besprochenen Vermögenssteuern des 15. bis 16. Jahrhunderts aber belasten die Mobilia oder wenigsten einen Teil derselben doppelt oder dreimal so hoch wie das unbewegliche Gut. Muß man nicht in dieser Erscheinung ein Zeichen der raschen Entwicklung des mobilen Kapitals in den Städten sehen?

Objektive Befreiungen.

Eine Erscheinung, die fast an allen besprochenen wie auch sonst an fast allen Vermögenssteuerbegriffen, einheitlichen wie komplizierten, zu beobachten ist, besteht in der Befreiung gewisser Vermögensteile. Sie ist so allgemein, daß ein wirklich konsequenter Steuerbegriff, der alle wirtschaftlichen Güter einer Person ohne jede Ausnahme erfaßte, verhältnismäßig selten vorkommt. Ausgenommen ist gewöhnlich ein Teil des unproduktiven Vermögens. Es kommt wohl auf dasselbe hinaus, ob man mit Heidenhain annimmt, das Mittelalter habe die geringere steuerpolitische Leistungsfähigkeit des Gebrauchsvermögens erkannt, aber fiskalische Motive und mangelnde Begriffsschärfe hätten als Gegentendenzen gewirkt (S. 95 ff.) oder ob man annimmt, das Mittelalter sei von dem streng theoretischen, konsequenten Vermögensbegriff ausgegangen, und dieser sei nun aus den verschiedensten steuertechnischen, sozial- und wirtschaftspolitischen Gründen beschnitten worden. Es wäre müßig, wenn man allgemein zu bestimmen versuchte, bis zu welcher Grenze die Befreiung von Vermögensteilen gehen kann, wenn die Steuer nicht aufhören soll, eine Erfassung der ganzen wirtschaftlichen Leistungsfähigkeit darzustellen. Es sei jedoch daran erinnert, daß die Befreiung der Vorräte insbesondere nach unserer Ansicht zunächst sogar eine Annäherung an das Ziel der möglichst vollständigen Erfassung wirtschaftlicher Leistungsfähigkeit darstellt, keineswegs eine Entfernung davon (vergl. S. 88).

Es wäre unnötig, hier die Besprechung der Ausnahmen, die Heidenhain gibt (S. 96—105), zu wiederholen. Wir wollen nur résumieren: 1. daß in einigen Städten, aber auch nur in einzelnen Steuerordnungen derselben, gar keine Befreiungen vorkommen, so daß hier der Fall des abstrakt konsequenten Vermögenssteuerbegriffs vorliegt. 2. Daß am liebsten Hausrat, Kleider, Betten, Silbergeschirr, Kleinodien, Vorräte, Pferde und Harnisch befreit sind, allerdings in verschiedener Ausdehnung. 3. Daß schon im 14. Jahrhundert in vielen Steuerordnungen in sehr feiner Weise Gebrauchs- und Produktivvermögen unterschieden werden, indem dieselben Gegenstände je nach der Art ihrer Verwendung steuerfrei oder steuerbar sind. 4. Daß produktives Vermögen fast immer besteuert wird. Ausnahmen: einmal Handwerkszeug in Ulm, Bergwerksteile in Freiberg.

Die Gründe der objektiven Steuerbefreiungen, sind wie mir scheint, fünffacher Art gewesen: 1. Rücksicht auf den fehlenden Ertrag des Gebrauchsvermögens. 2. Rücksichten auf das »Existenzminimum« [1]. 3. Auch wirtschaftspolitische

[1] Existenzminimum im modernen Sinne ist vornehmlich die Freilassung von Vermögen unterhalb einer bestimmten Größe. Eine solche findet sich auch im Mittelalter. Es scheint, daß sie besonders in den Städten, resp. Steuerordnungen hervortritt, die keine objektiven Befreiungen kennen. Dies würde dafür sprechen, daß das Motiv des Existenzminimums überhaupt auch für die Entstehung der objektiven Befreiungen ein sehr wichtiges gewesen sei. Die Aufzählung der

Motive — die in den amerikanischen Einzelstaaten im 18. und 19. Jahrhundert zur Befreiung der verschiedenartigsten Vermögensobjekte geführt haben — kommen schon vor: In Eisenach sind nach Art. 10 der Steuerordnung Höfe und Gärten ausdrücklich steuerfrei, sofern sie ein steuerpflichtiges Wohnhaus umschließen, »auf daß die stadt desto ehr besazt wurde und besazt bliebe«. 4. Politische Motive: so wird man Bothe Recht geben müssen (S. 36), daß Silber bevorzugt wurde, weil man daran dachte, es im Kriegsfalle einziehen zu können und deshalb von vornherein die Kapitalanlage durch solche Exemtion beeinflussen wollte. Auch Pferde waren wohl mit aus diesem Grunde ausgenommen. 5. Ferner aber müssen doch steuertechnische Gründe bei dieser Frage eine Rolle gespielt haben. Wenn es noch heute als schwieriges Problem gilt, wie eine Besteuerung der Möbel, der Schmuckgegenstände und Kleider im Rahmen der Vermögenssteuer praktisch mit Erfolg durchgeführt werden könne, so wird man im Mittelalter wohl auch die Aussichtslosigkeit dieser Forderung erkannt haben, trotzdem der kleinbürgerliche Charakter der Städte solchen Versuchen vielleicht günstiger war und trotzdem einige Steuerordnungen in der Tat diesen Versuch machen. Man muß meines Erachtens stets diese fünf Reihen von Motiven im Auge haben, wenn man alle Steuerordnungen verstehen will; die Autoren halten sich gewöhnlich nur an ein einzelnes Motiv, was zu sehr einseitiger Auffassung führt.

Besteuerung von Handel und Gewerbe.

Die Besteuerung von Handel und Gewerbe im Mittelalter verlangt eigentlich hier keine besondere Betrachtung. Denn ihre Modi sind notwendige Konsequenzen der erörterten Vermögenssteuerbegriffe. Die Immobiliarsteuer kennt eine Be-

---

Städte mit einem Existenzminimum der Vermögensgröße findet sich bei Stieda (S. 22) und Hartwig (S. 49, Anm. 6). Man vergleiche damit die Aufzählung der Steuerordnungen ohne objektive Befreiungen bei Heidenhain (S. 96).

steuerung von Handel und Gewerbe, abgesehen von der Erfassung der dem Handel und Gewerbe dienenden Gebäude und Grundstücke, überhaupt nicht. Der einheitliche Vermögenssteuerbegriff erfaßt nur die Kapitalien, die im Handel und Gewerbe liegen, besonders also Bargeld und Waren, nicht aber etwa den Handelsgewinn. Die komplizierten Steuerbegriffe tun mit großer Übereinstimmung dasselbe: in Frankfurt wird die Kaufmannsware nach ihrem Kapitalwerte besteuert[1]), ebenso bares Geld und alle Fahrhabe, in Nürnberg 1427 Barschaft und fahrende Habe, in Rotenburg 1382 »Barschaft« (vielleicht im weiteren Sinne des Wortes = Fahrhabe), in Haigerloch 1457 alles fahrende Gut — soweit nicht überall für die einzelnen Vorräte und gewerblichen Kapitalien feste Sätze bestimmt sind oder aber Exemtionen stattfinden. Wenn für einzelne Gegenstände des gewerblichen Betriebskapitals zuweilen feste Geldsätze auftreten, so ist nicht sicher zu bestimmen, ob sie eine Heranziehung des gewerblichen Gewinnes darstellen wollen, wenn auch die Vermutung nahe liegt. Daß der einheitliche Vermögensteuerbegriff an sich konsequent ist, habe ich oben zu zeigen versucht. Daß er freilich eine Erfassung der ganzen

---

[1] Nach einer Münchner Urkunde von 1294 hat bei handeltreibenden Bürgern nicht der Grundbesitz die Basis der Besteuerung gebildet, sondern »gewin und haubtguot«. Baasch deutet das auf: »Betriebskapital« (S. 38). Aber es heißt doch: Gewinn und Betriebskapital. Bothe führt an (S. 66), daß in Frankfurt im 15. Jahrhundert der Handelsgewinn zur Hauptsumme geschlagen und als Fahrhabe besteuert worden sei. Es scheint also, als ob man in diesen Fällen die Summe von Betriebskapital und Gewinn als steuerbares Kapital angesehen hat, eine Ausnahme gegenüber der gewöhnlichen Besteuerung, die den Kapitalwert der Objekte zum Maßstab nahm. Eine logische Erklärung ist für einen solchen Modus kaum zu finden, wenn auch das Motiv, daß beide Größen, Kapital und Gewinn, als Maßstäbe der Leistungsfähigkeit beachtet werden sollten, nicht zu verkennen ist. Man könnte auch annehmen, daß mit Rücksicht auf jene Größen ganz frei ein Kapital konstruiert wurde, ein roher Schätzungswert, der die Steuerkraft darstellen sollte; vielleicht hat man auch da, wo Betriebskapital eine Rolle spielte, einfach dieses als Steuerkapital angesetzt, während man bei relativ geringem Betriebskapital einen Wert annahm, der dem in rohester Weise kapitalisierten Gewinn entsprochen haben dürfte.

wirtschaftlichen Leistungsfähigkeit um so weniger darstellt, je geringer die Handelskapitalien, besonders die Warenvorräte, im Vergleich zum Gewinn sind, je geringer die Rolle des gewerblichen Betriebskapitals im Vergleich zur Bedeutung des Gewerbes als Einkommensquelle, je mehr Einkommensarten unabhängig vom Kapitalbesitz auftreten, das leuchtet von selbst ein. Allgemeine Betrachtungen haben hier freilich wenig Wert.

Eine über den Rahmen der sonst herrschenden Besteuerungsweise hinausgehende Belastung von Handel und Gewerbe können wir in der besprochenen Heranziehung des Mobiliarvermögens mit dem doppelten Satze der Immobilien erblicken. Daß das in Handel und Gewerbe angelegte Kapital dabei doppelt getroffen wird, ist ja außer Zweifel, und nur darüber könnte gestritten werden, wie weit im einzelnen Fall die hierdurch verursachte indirekte Heranziehung der Gewinne aus Handel und Gewerbe als Motiv der Einrichtung aufgefaßt werden solle.

Eine eigentümliche Kombination verschiedener Besteuerungsarten findet sich in der Nördlinger Erwerbssteuer von 1443/44. Für einige Gewerbe existiert eine Art Verkehrsbesteuerung: Viehhändler zahlen für jede verkaufte Kuh 2 Pfennig, Fleischer eine Schlachtsteuer von 4 Pfennig von der Kuh usw. Andere Gewerbe sind einer Heranziehung des Rohstoffes und einer Abgabe vom Kaufhaus unterworfen, für andere wieder wird ein Teil des Arbeitsverdienstes gefordert, endlich wird von gewissen Handwerkern schlechthin ein wöchentlicher Beitrag von einigen Pfennigen erhoben (Dorner S. 83ff.). Diese verschiedenen Modi interessieren uns hier als Versuche einer gewerblichen Besteuerung überhaupt. Die scheinbare Inkonsequenz dieses Systems erklärt sich am natürlichsten wieder bei entsprechender Anwendung der Bücherschen Theorie von der Besteuerung nach den konkreten Erscheinungsformen wirtschaftlicher Bedeutung der Objekte: Bald ist der Kaufpreis, bald der Rohstoff diejenige sichtbare Erscheinung gewerblicher Tätigkeit, an die der Gesetzgeber als an die zunächst liegende sich gehalten hat.

Eine Betrachtung der Besteuerung von Handel und Gewerbe wäre unvollständig, wenn wir nicht auf die Entwicklung der Verbrauchsabgaben Rücksicht nähmen. welche bekanntlich gerade in den mittelalterlichen Städten eine hervorragende Rolle gespielt haben. Diese indirekte Besteuerung hat auch ihrerseits wieder auf die Entwicklung der direkten Steuern, insbesondere auf unsere Vermögenssteuerbegriffe zurückgewirkt, weil beide Steuerarten um die Objekte gestritten haben, auf die sie ihre Herrschaft ausdehnen wollten. Gräser, der erste Autor, der meines Wissens auf diesen Zusammenhang aufmerksam gemacht hat, betont, daß manche Steuerordnung des 13. und 14. Jahrhunderts noch viele Objekte, z. B. Vorräte an Getränken usw. umfasse, die später von der indirekten Besteuerung, der »Konsumtions-, Gewerbe- oder Tranksteuer« in Anspruch genommen werden. Man sieht hier, wie die Entwicklung des Vermögenssteuerbegriffs zu immer umfassenderer Heranziehung der Objekte auf eine Gegentendenz stößt. Wenn sich diese Erscheinung auch im einzelnen nicht leicht feststellen lassen dürfte, so ist sie doch bei einer prinzipiellen Betrachtung der Entwicklungstendenzen der Vermögensbesteuerung nie außer Acht zu lassen. Die sogenannten indirekten Steuern an sich scheiden für uns deshalb aus, weil sie im allgemeinen keine Erfassung der wirtschaftlichen Leistungsfähigkeit einer Person in einer Steuer darstellen, sondern sich an einzelne Objekte heften und von der Person möglichst abstrahieren. Freilich ist nicht zu verkennen, daß es Formen gibt, die auf der Grenze von direkten und indirekten Steuern stehen — wie man auch immer definieren möge. Insbesondere möchte ich auf die Besprechung des Speyerer Pfundzolles bei Bücher (Festschrift S. 41 ff.) hinweisen. Diese, wie ähnliche unter dem Namen Pfundzoll in anderen Städten vorkommende Abgaben sind für die Entwicklung der Steuerbegriffe an sich von großem Interesse. Wir dürfen nicht verkennen, daß der Grundbegriff der Speyerer Ordnung so konstruiert werden kann, daß er unter unsern Vermögenssteuerbegriff im weitesten Sinne fällt, weil er eine Erfassung der ganzen wirtschaftlichen Leistungsfähigkeit in einer Steuer darstellen kann. Bücher hat gezeigt, wie hier wieder die Kategorien der modernen Finanzwissenschaft versagen, und wie jene Abgabe einer Steuer auf das Einkommen, und zwar auf die Roheinnahmen, am nächsten kommt. Vielleicht liegt hier ein brauchbarer Ausgangspunkt für eine andere Untersuchung zur Entwicklungsgeschichte der Steuerbegriffe, bei der die indirekte Besteuerung mehr im Vordergrunde des Interesses stände. Vielleicht würde die Geschichte dann bessere Grundlagen für die Begriffsbildung liefern als die heutige Finanzwissenschaft, deren Begriffe doch zum Teil bloß abstraktem Nachdenken entstammen, vielleicht aber würde sie gerade dazu beitragen, den Unterschied zwischen direkter und indirekter Besteuerung noch relativer erscheinen zu lassen.

Alternativbegriffe.

Es gehören hierher vielleicht die Steuern des 13. Jahrhunderts, bei denen eine Heranziehung aller Handeltreibenden ausgesprochen war und von denen wir annahmen, daß gleichwohl im allgemeinen der Grundbesitz Steuerbemessungsgrundlage war, während die Mobiliarbesteuerung wohl nur hinzutrat, wo solcher Grundbesitz fehlte[1]. Es kommen aber Alternativbegriffe auch noch in späterer Zeit vor. In Dresden wurden im 15. Jahrhundert die angesessenen Bürger nur nach ihrem Grundbesitz besteuert; die Hausgenossen dagegen, die keinen Grundbesitz haben, müssen ihre bewegliche Habe, eventuell wenigstens das Bürgerrecht (als Befugnis zum Gewerbebetriebe) verschossen[2]. Diesen letzteren Modus scheint Gräser (S. 145)

---

[1] Über München vergleiche S. 77.

[2] Richter, Verwaltungsgeschichte, 1891 S. 69ff. — Stieda S. 19.

überhaupt für die regelmäßige Form der mittelalterlichen Städtesteuern angesehen zu haben, eine Anschauung, die freilich der wirklichen Entwicklung in den letzten Jahrhunderten des Mittelalters nicht entspricht, weil damals der einheitliche Vermögenssteuerbegriff vorherrscht, neben ihm der komplizierte Begriff mit objektiver Allgemeinheit. In Görlitz aber waren noch im Jahre 1565 (Haltaus S. 1648) im allgemeinen die Immobilia Steuerobjekt; »wer aber Erbe und Güter nicht hat«, hieß es, der soll schuldig sein, seine werbende Paarschaft und fahrende Habe zu verschossen nach billichem Erkendnus des Rats.« Ähnlich bestimmt die Heidelberger Stadt- oder Gewerbeordnung von 1471 (Christ S. 209), daß die Kosten für eine Ausrüstung von Reisigen auf die Liegenschaften in Stadt und Mark Heidelberg nach Verhältnis umgelegt werden sollen, oder wenn einer keine solchen hätte, auf seine »Hantnarung und Gewerb«, wobei uns freilich der Steuermaßstab unbekannt bleibt.

In diesen Fällen liegt also ein strenger Alternativbegriff vor. Der Grundbesitzer braucht sein bewegliches Vermögen nicht zu versteuern. Diese letztere Tatsache, und nicht, daß die Hausgenossen nach ihren Mobilien besteuert wurden, ist das Auffallende, denn sie hatten ja keinen Grundbesitz. Zur Erklärung dieser Erscheinung könnte man annehmen, daß eine bloße Immobiliarbesteuerung der Bürger geherrscht hätte, die man durch jene Steuer der nichtgrundbesitzenden Klassen nur ergänzt hätte. Man kann aber auch daran denken, und in Dresden scheint es der Fall gewesen zu sein (Stieda S. 19), daß sich schon vorher eine Steuer auf Immobilien und Mobilien, etwa mit einheitlichem Vermögensbegriff, entwickelt hatte, daß diese aber wiederum zu einer Immobiliarsteuer geworden ist. Letztere besitzt im späteren Mittelalter keinesfalls mehr den Charakter einer Vermögenssteuer in unserem Sinne, d. h. einer Erfaßung der ganzen Leistungsfähigkeit (vergl. S. 84—87). In Halle trat seit 1503 an die Stelle einer objektiv allgemeinen Vermögenssteuer eine Steuer auf die Häuser und Salzgüter der Bürger, während handeltreibende Nichtbürger mit einem Satze von 2 Gulden oder höher, nach Erkenntnis des Rats, belegt wurden (Dreyhaupt II, S. 397).

Anders liegt die Sache in folgenden Fällen: in Bozen gab es nach Kogler (S. 616) im 13. Jahrhundert eine Realsteuer, die auf allen Häusern lastete, außerdem aber eine Personal- oder Gewerbesteuer für alle, die in der Stadt Kaufmannschaft trieben. Über den Maßstab dieser letzteren Steuer erfahren wir nichts. Indessen könnte man aus einer Urkunde (S. 628) schließen, daß der Handel verhältnismäßig höher belastet worden sei, als Grundbesitz. Nach der Städteordnung Ferdinands I. für Wien (Myrbach S. 579) waren liegende Güter als solche nach ihrem Werte, Kaufleute und Handwerker nach »Gewerb, Kaufmannschaft und Handtierung« steuerpflichtig. In diesen Fällen wurden also die Kaufleute und Gewerbetreibenden eventuell doppelt, nämlich für ihren Grundbesitz und für ihr Gewerbe (nach unbekanntem Maßstabe) besteuert. Ob man ein solches System überhaupt noch »eine Steuer auf die Leistungsfähigkeit« nennt, oder ob man hier von der Existenz zweier Steuern spricht, hängt von der theoretischen Neigung ab. Jedenfalls liegt hier kein eigentlicher Alternativbegriff vor. Zwar bleibt die bewegliche Habe derjenigen Grundbesitzer, die nicht gleichzeitig Kaufleute oder Gewerbetreibende sind, hier auch steuerfrei. Aber während es in den Fällen des eigentlichen Alternativbegriffs nur zwei Möglichkeiten gab: 1. Grundbesitz = Steuerobjekt, 2. Mobilia = Steuerobjekt, kommt hier noch eine dritte Eventualität hinzu: Grundbesitz und Einkommen aus Handel oder Gewerbe und gleichzeitig Steuerquelle. Man könnte die Entstehung solcher eigenartiger Steuersysteme so denken, daß aus einer ursprünglichen Personalsteuer nur beim Grundbesitz eine Objektsteuer geworden sei, während die Klassen, bei denen hauptsächlich bewegliches Vermögen anzunehmen ist, weiter in der alten Weise besteuert wurden.

Das Eindringen des Einkommensprinzips in die Vermögenssteuerbegriffe.

Wie schon an anderer Stelle angedeutet, entstehen Modifikationen der Vermögenssteuerbegriffe da, wo Einkommen getroffen wird, das nicht aus Kapitalbesitz fließt. Die Heranziehung solcher Einkünfte zur Steuer kann in verschiedenen Formen geschehen. Die theoretische Schwierigkeit liegt nun darin, daß diese Formen für einzelne Städte wohl überliefert sind, wir aber zuweilen erst durch Reflexion oder nur durch Vermutungen schließen können, daß sie eben diesen Zweck einer Heranziehung von Einkommen gehabt haben. Insbesondere kann man manchmal noch andere Motive daneben annehmen. Indessen braucht es uns ja gar nicht zu interessieren, ob man die bewußte Absicht hatte, das Arbeitseinkommen zu treffen, oder nicht; es genügt, wenn wir feststellen können, daß bei gewissen Steuerformen ein Rückgriff auf Arbeitseinkommen notwendig erscheint, auch wenn wir darin nur eine Stufe der unbewußten Entwicklung der Steuerbegriffe sehen, die wieder als Funktion der allgemeinen wirtschaftlichen Entwicklung erscheint. Es lassen sich drei Hauptfälle unterscheiden: nämlich a) umgekehrte Progressionen der Vermögenssteuer für die kleineren Vermögen, b) Ergänzung der einheitlichen oder komplizierten Vermögenssteuerbegriffe durch Kopfsteuern, c) Ergänzung durch sogenannte partielle Einkommensteuern.

a) Schon die gewöhnlichen Vermögenssteuern müssen, wie Hartwig bemerkt (S. 45), die ärmsten Klassen — sofern sie überhaupt etwas zu versteuern hatten und nicht befreit waren (vgl. S. 111, Anm. 1) — tatsächlich aus ihrem Einkommen zahlen. Es kommt aber vor, daß eine Vermögenssteuer mit einheitlichem Begriff nicht wie gewöhnlich proportional der Größe des Vermögens erhoben wird, sondern daß sie nach Klassen abgestufte Sätze enthält, die eine Progression nach unten bewirken. Das war der Fall in Basel im Jahre 1429[1], wo besonders die Vermögen unter 2000 Gulden scharf herangezogen wurden. Ferner in Worms 1448[2] und in Bern 1458, daselbst für die Vermögen von 50—100 Gulden[3][4].

Schönberg gibt folgende Erklärung (S. 176ff.): »Im allgemeinen wird es bei den Einkommensverhältnissen einer Bevölkerung die Regel sein, daß ein Arbeitseinkommen je geringer das Vermögen ist, eine um so größere Quote des Gesamteinkommens wird. Die umgekehrt progressive Steuer enthält so zugleich in der Form der Vermögenssteuer den Charakter einer Einkommensteuer.« Ob der Vordersatz so allgemein zutrifft, wie Schönberg meint, oder nicht, wie Hartung annimmt[5], diese außerordentlich schwierige Frage braucht uns hier nicht so zu interessieren. Ob die Reicheren gerecht belastet wurden, bleibt fraglich. Daß die Leistungsfähigkeit der unteren Klassen aber, welche hauptsächlich auf dem Arbeitseinkommen beruhte, von der umgekehrt progressiven Steuer mindestens proportional der der Reicheren getroffen wurde, hat wohl niemand bestritten. Es kann also als die Absicht der Gesetzgeber angenommen werden, dieses Arbeitseinkommen der unteren Klassen vor allem zu treffen; da sie die Form des Vermögenssteuerbegriffs nicht preisgeben wollten, so modifizierten sie wenigstens den Steuersatz. Daß der Steuerbetrag — rein theoretisch betrachtet — außer bei den ganz unvermögenden Klassen tatsächlich stets aus dem Vermögensbesitz bezahlt werden konnte, ist Nebensache; wenn man nicht eine ganz unsinnige, ungeheuerliche Belastung der Ärmeren im Vergleich zu den Reicheren annehmen will, muß man hier an das Arbeitseinkommen denken. Es spricht zweifel-

[1] Schönberg S. 175ff.

[2] Boos, Monumenta S. 638. — Heidenhain S. 108.

[3] Schindler, Zeitschrift für Schweizer Statistik 1900, II, 184.

[4] Auch die Augsburger Zuschlagssteuer von 1475 war umgekehrt progressiv. Siehe Hartung 1898, S. 95ff.

[5] Schmollers Jahrbücher 1895. S. 130ff.

los für diese Auffassung, daß man in Basel im Jahre 1446 eine vollkommen proportionale Vermögenssteuer vorfindet (S. 210), während diesmal gleichzeitig eine Kopfsteuer erhoben wird. Letztere hätte dann eben die Progression nach unten ersetzt.

Hierher gehört auch die Bestimmung der Eßlinger Vermögenssteuer vom 13. bis 14. Jahrhundert, daß jeder, der 10 Pfund Heller und darunter besitze, den festen Satz von 15 Heller neben dem Vorschoß zahlen müsse (Diehl, I, S. 75), ebenso von 1522 (Pfaff, S. 129), daß jeder, der unter 20 Schilling besitze, davon 5 Schilling Steuer zahlen solle, während im übrigen die Steuer proportional war. Daß der Grund dieser Einrichtung vielleicht ein steuertechnischer war, Rücksicht auf die Bequemlichkeit, welche darin lag, runde Beträge statt vieler differenzierter kleiner Summen einziehen zu können, ändert nichts an der Wirkung, die darin bestand, daß die untersten Klassen relativ viel zu hohe Sätze bezahlten, wenn man nicht an eine Belastung ihres Arbeitseinkommens denkt.

b) Häufig wird neben der objektiv-allgemeinen Vermögenssteuer eine Kopfsteuer erhoben, d. h. eine Abgabe, deren Betrag für jede von ihr betroffene Person der gleiche ist. Ihr Zweck könnte gewesen sein, auch das Einkommen derer zu treffen, die kein oder nur geringes Vermögen zu versteuern hatten. Nun liegt allerdings eine große theoretische Schwierigkeit in Folgendem: Für die Beurteilung solcher Kopfsteuern ist meines Erachtens entscheidend die Ausdehnung der subjektiven Steuerpflicht. Wenn z. B. die Kopfsteuer nur die Besitzlosen, nicht Vermögenssteuer zahlenden Klassen trifft, so ist klar, daß sie aus dem Einkommen gezahlt werden muß. Wenn sie umgekehrt nur die Besitzenden trifft, so leuchtet ein, daß das eigentliche Arbeitseinkommen geschont wird. Nun sind zwar aus vielen Städten Nachrichten über die subjektive Steuerpflicht auf uns gekommen. Aber schon einzelne Spezialforscher haben darauf hingewiesen, wenn auch nicht in diesem Zusammenhange, daß solche Bestimmungen, wie es scheint, oft nicht durchgeführt wurden. So bezweifelt Kölle[1], daß die Ulmer Haussteuer von 1413 der gesetzlichen Bestimmung entsprechend nur von Besitzlosen erhoben worden sei, und hält es für möglich, daß sie als allgemeine Kopfsteuer gedient habe. Umgekehrt ist es nach Hartwig[2] mit dem Lübecker Vorschoß, auf den wir noch zu sprechen kommen werden. Wir könnten uns nun unserem Plane gemäß damit begnügen, uns an die gesetzlichen Bestimmungen selbst zu halten, von ihrer praktischen Durchführung aber abzusehen, wie wir es in andern Kapiteln dieser Abhandlung getan haben. Es ist aber nicht zu verkennen, daß eine solche Betrachtungsweise überall da allzu einseitig wird, wo wir hören, daß Theorie und Praxis wie hier beinahe Gegensätze bilden. Wir wollen daher in diesem Abschnitte auch die Praxis, soweit sie uns überliefert ist, nicht ganz außer acht lassen.

Bis vor kurzem war die herrschende Meinung, die unter dem Namen »Vorschoß« in manchen Städten erhobene Abgabe sei eine allgemeine Kopfsteuer gewesen. Wir hätten dann in diesem Vorschoß ein hervorragendes Beispiel dafür sehen müssen, wie das Bestreben, alles Arbeitseinkommen heranzuziehen, verwirklicht worden wäre, ohne daß man den Vermögenssteuerbegriff selbst verletzt hätte. Es ist Hartwigs Verdienst, hier ein neues Problem gesehen zu haben. Dieser Autor behauptet nämlich, der Vorschoß sei, wenigstens in manchen Städten, keine allgemeine Kopfsteuer gewesen, sondern eine Zuschlagssteuer für die Besitzenden. So in Lübeck und Rostock, wo nach den Gesetzen allerdings jeder den Vorschoß zahlen mußte. Den Beweis für diese Hypothese hat nun zwar Hartwig meines Erachtens für seinen Ausgangspunkt Lübeck nicht erbringen können. Seine Argumente stehen zum Teil auf so schwachen Füßen, daß die Gegen-

[1] Kölle a. a. O. S. 53.

[2] Hartwig a. a. O. S. 93, 98.

gründe schon mit ihnen gegeben sind, teils sind sie unsicher. Auch das bestechendste dieser Argumente, das von der ansehnlichen Höhe des Vorschosses ausgeht, ist nicht sehr beweiskräftig, weil auch in den Städten, wo ausdrücklich nur die Vermögenslosen von einer Kopfsteuer getroffen werden, die Höhe des Satzes auch bei ordentlichen Steuern mehrere Schillinge beträgt (vgl. später unter 4.). Bevor wir zu einer Prüfung der von Hartwig aufgestellten Theorie an den konkreten Steuersystemen der Städte übergehen, müssen wir uns darüber klar werden, was denn eigentlich »Vorschoß« bedeutet. Wenn Hartwig behauptet, die subjektive Steuerpflicht sei bei demselben eine relativ beschränkte gewesen, so muß er doch immerhin einen Begriff »Vorschoß« voraussetzen. Wenn wir aber hören, daß der Frankfurter »Herdschilling« von manchen Autoren als in dieselbe Kategorie gehörig betrachtet wird, so ist klar, daß der bloße Name Vorschoß nicht zur Abgrenzung der Materie ausreicht. Und wenn wir anderseits bedenken, daß in Bremen der Vorschoß eine dreifach abgestufte Abgabe von den Häusern war, so scheint hier auf den ersten Blick wieder eine neue Steuerart unter dem alten Namen vorzuliegen. Meines Erachtens haben wir es mit einer eigenartigen Erscheinung zu tun, wenn eine kopfsteuerartige Abgabe stets nur in Verbindung mit einer (objektiv-allgemeinen) Vermögenssteuer erhoben wird. Ob sie selbst den Namen Vorschoß führt oder nicht, wollen wir dabei zunächst als unwesentlich betrachten. Gewiß liegt in dieser Abgrenzung etwas Willkürliches. Aber wenn man überhaupt hier den wirtschaftlichen Phänomenen gerecht werden will, ist eine allgemeine Betrachtung sonst nicht möglich. In dem Ausdruck Vorschoß — man möge das »vor« auf »vorher« oder »darüber hinaus« deuten — ist wohl ausgesprochen, daß eine Verbindung mit dem eigentlichen Schoß, der Vermögenssteuer, vorliegt, ja, daß der Vorschoß nur eine Ergänzung des ersteren bilden soll. In welchen Städten kamen nun noch Abgaben vor, die unter unseren neuen Begriff des Vorschosses fallen und wie verhält es sich dort mit der subjektiven Steuerpflicht?

1. Wir wissen von Hildesheim, Ende des 14. und Anfang des 15. Jahrhunderts, daß der Kreis der Vorschoßpflichtigen kleiner war, als der der Schoßpflichtigen; Dienstboten waren überhaupt frei und Bürger mit Vermögen unter 10 Mark waren es höchstwahrscheinlich auch [1]. Für Braunschweig und Hannover, wo um dieselbe Zeit die gleichen Grenzsätze für Schoß und Vorschoß und das gleiche Verhältnis zwischen beiden zu finden sind wie in Hildesheim [2], könnte man das Gleiche vermuten. In Nürnberg gab es bei der Losung eine Kopfsteuer; die in den Jahren 1366 bis 1370 nur einen Schilling betrug [3], im 15. Jahrhundert aber stieg dieser »Voraus« auf das zwanzigfache des Betrages; er traf offenbar nur die zur Losung, der der gewöhnlichen Vermögenssteuer, Verpflichteten [4]. Der Vorschoß in Eßlingen, der nur bis zum 14. Jahrhundert in Kraft war [5], wurde von jedem vermögenssteuerpflichtigen Vermögen erhoben, d. h. zuweilen mußte ihn jemand zweimal zahlen, z. B. wenn er das Vermögen seiner Frau mit zu versteuern hatte; der Kreis der verpflichteten Personen, war also nie größer als der der Vermögenssteuerpflichtigen. In Ueberlingen-Stadt [6] traf die »Leibsteuer« (erst nach Mitte des 16. Jahrhunderts nachweisbar) nur Bürger und Grundbesitzer [7]. Auch

[1] Doebner, U.-B. I. Einleitung S. L.

[2] Mack S. 100. — Dürre S. 325ff. — Ulrich, Bilder aus Hannovers Vergangenheit 1891, S. 50.

[3] Hegel, I. S. 282.

[4] Sander, I. S. 337.

[5] Diehl, a. a. O. S. 73ff.

[6] Schäfer, S. 130.

[7] Vom Hamburger Vorschoß ist uns leider nur die Höhe in einzelnen Jahren des Mittelalters überliefert (Gallois I, S. 235 u. 351). — In Bremen war der Vorschoß eine dreimal abgestufte Abgabe von den Wohnungen (Ortloff S. 182). — Über den Vorschoß in den märkischen Städten im Mittelalter finden sich in den verschiedenen Schriften die wunderlichsten und widersprechendsten Nachrichten; eine gründliche Untersuchung fehlt hier noch.

der Vorschoß in Halle scheint nur die Bürger getroffen zu haben (Dreyhaupt, II, 396/97).

2. In andern Städten war der Kreis der Verpflichteten größer; alle Haushaltungsvorstände wurden herangezogen. So in Erfurt schon 1293 beim Lotgeld (Herdschilling) (Horn S. 53). In Goslar, wo der Vorschoß seit dem 16. Jahrhundert nachweisbar ist, waren nach Konrad (S. 399) alle Familienvorstände verpflichtet. Ebenso war es in Mainz [1] und Frankfurt [2] im 15. Jahrhundert beim »Herdschilling«. Die »stiura minor« in Augsburg (seit 1472) [3] traf alle Haushaltungsvorstände, darunter auch solche Handwerker und Taglöhner, welche von der Vermögenssteuer frei waren, weil sie nichts besaßen. Ein Feuerstellenschoß wurde in Lübeck neben Schoß und Vorschoß erhoben [4], eine Herdsteuer in Speyer [5].

3. Noch allgemeiner war die subjektive Steuerpflicht bei einer andern Reihe von Steuern. Das Personengeld von Speyer [6] war eine allgemeine Kopfsteuer mit abgestuften Sätzen für Eheleute und einzelne Personen; vermögenssteuerpflichtig waren dagegen nur Personen mit Vermögen von über 10 Gulden; die ärmeren bezahlten allerdings einen niedrigeren Satz als Personengeld, aber sie mußten ihn immerhin zahlen. In Basel [7] waren 1446 zur Zahlung der Kopfsteuer verpflichtet: alle über 14 Jahre alten Personen, Kinder und Dienstboten auch, niemand ausgenommen, während von der Vermögenssteuer alle frei waren, die unter 30 Gulden Vermögen besaßen. Eine ganz allgemeine Kopfsteuer war auch dem Gesetz nach der Wochenpfennig in Straßburg [8], der Wochenpfennig in Eßlingen [9] und

[1] Hegel, Städtechroniken II, S. 99. — Hartwig S. 101.
[2] Bücher, Festschrift S. 125. — Hartwig S. 101.
[3] Hartung 1895, S. 103.
[4] Hartwig S. 102.
[5] Bücher, Festschrift S. 141.
[6] Speyer, Lehmanni Chronica S. 845 u. 849.
[7] Schönberg S. 207.
[8] Eheberg S. 81.
[9] Pfaff S. 132.

die Leibsteuer in Zürich, welche seit 1449 erhoben wurde [1]; zur letzteren war jede über 15 Jahre alte Person verpflichtet, während das Minimum für die Vermögenssteuer ein Besitz von über 50 Pfund war. Das Herdgeld in Eisenach zahlten die Schoßpflichtigen wie die Unvermögenden [2].

4. Endlich gab es nun Kopfsteuern, die ausdrücklich nur die Unvermögenden heranzogen. Allerdings ist in solchen Fällen wieder unsicher, wie wir schon eingangs erwähnten, ob solche Bestimmungen streng durchgeführt wurden. Sicher aber ist, daß diese Steuern die Nichtbesitzenden, d. h. das Arbeitseinkommen auf jeden Fall getroffen haben. Es gehört hierher die Kopfsteuer von einem halben Gulden in Rotenburg [3], die unterste Klasse der Vermögenssteuer in Eßlingen [4] im 13. und 14. Jahrhundert, die Kopfsteuern in Ulm 1413 [5], in Nördlingen 1504 [6], in Basel 1451, 1453/54, 1470/72, 1474 78 und 1480/81 [7], endlich die Leibsteuer in Ueberlingen-Land [8] mit ihrer untersten Klasse für Vermögenslose. Eine Kopfsteuer für Nichtbesitzende findet sich auch bei den Türkensteuern in Magdeburg [9], in Meißen und Leipzig 1481 [10], in Dresden 1488 [11], wobei jedoch die Dienstboten und Lohnarbeiter immer auf besondere Weise besteuert wurden (vgl. unter c). Dagegen wurden in Nördlingen 1443 Dienstboten und Gewerbegehilfen durch eine besondere Kopfsteuer getroffen [12]).

Wir haben also erstens Städte gefunden, wo der Kreis der

[1] Neujahrsblatt S. 52.
[2] Ortloff, a. a. O. Art. 37.
[3] Bensen S. 43.
[4] Diehl I, S. 75.
[5] Kölle S. 53.
[6] Dorner S. 92.
[7] Schönberg S. 287, 353/58, 434 u. 458.
[8] Schäfer S. 136.
[9] Magdeburg, Bielfeld S. 11.
[10] Richter S. 1. — Quellen II, S. 68.
[11] Richter II, S. 64.
[12] Dorner S. 54.

zur Kopfsteuer Verpflichteten ganz oder ungefähr dem der Vermögenssteuerpflichtigen entspricht oder wo er sogar noch kleiner ist, weil nur ein Teil der Besitzenden herangezogen wird; zweitens solche, wo er im Gegenteil größer ist, weil alle Haushaltungsvorstände verpflichtet sind, drittens solche, wo alle Personen von einem gewissen Alter ab verpflichtet sind, und endlich viertens solche, wo nur die Unvermögenden herangezogen werden. Es ist klar, daß im vierten Falle Arbeitseinkommen getroffen werden muß; Vermögen ist ja nicht vorhanden. Das gilt auch noch, wenn in der Praxis von der Heranziehung der »ganz Armen«, der »Bettler« von vornherein abgesehen worden ist. In den andern drei Fällen ist es nicht allgemein zu bestimmen, wie weit Arbeitseinkommen getroffen wurde. Es ist im zweiten Falle seltener als im dritten, im ersten seltener als im zweiten anzunehmen. Hier könnten nur mühsame spezielle Forschungen und Berechnungen nähere Aufklärung schaffen. Im allgemeinen wird aber in den drei letzten Fällen ein Rückgriff auf Arbeitseinkommen immer vorgekommen sein. Kehren wir nun zu Hartwigs Theorie zurück. Der Name Vorschoß kommt hauptsächlich bei den unter 1. rubrizierten Städten vor. Hartwig dürfte daher doch Recht haben, wenn er — die gewöhnliche Terminologie vorausgesetzt — behauptet, der Vorschoß sei gewöhnlich eine Abgabe der Besitzenden gewesen. Es spricht dafür auch die Beobachtung, daß in manchen Städten neben einer Abgabe der Besitzenden eine allgemeinere Kopfsteuer erhoben wird, die auch die Ärmeren und die Nichtbesitzenden oder sogar die letzteren allein trifft (Speyer: Herdstättengeld und Personengeld, Lübeck: Vorschoß (?) und Feuerstellenschoß, Eßlingen: Vorschoß und Schoßklasse für Unvermögende). Wir könnten nun unseren oben angenommenen Begriff auch fallen lassen und definieren: Der Vorschoß ist eine von den Besitzenden, in der Regel den zur Vermögenssteuer Verpflichteten zu zahlende Abgabe von einem festen Satz neben der proportionalen Vermögenssteuer. Diese Theorie schließt nicht aus, daß der Vorschoß für die Minderbemittelten, die ihn noch zahlen mußten, im Vergleich zur Belastung der Reichen umgekehrt proportional gewirkt hat. Die Stiedasche Auffassung, daß der Vorschoß gewissermaßen von einem bestimmten Teil der fahrenden Habe erhoben wurde (Hausgerät usw.), welcher bei allen Steuerzahlern als in gleicher Höhe vorhanden vorausgesetzt werden durfte, während der Schoß vom übrigen Vermögen gezahlt wurde, das nach der Leistungsfähigkeit differenziert war (S. 18), läßt sich hiermit vereinigen. Was aber unbedingt nottut, ist die Scheidung der verschiedenen vorkommenden Kopfsteuerarten nach dem Gesichtspunkte der subjektiven Steuerpflicht, weil die bloße Nebeneinanderstellung so heterogener Erscheinungen, wie einer Abgabe für die Besitzlosen und einer solchen für die Besitzenden keine Einsicht in die Bedeutung dieser Abgaben für das Steuersystem, für die Heranziehung des Arbeitseinkommens und das Eindringen des Einkommensprinzips in den Vermögenssteuerbegriff gewähren kann.

c) Auch eine Abgabe nach dem Maßstabe des Arbeitseinkommens, des Jahreslohns, eine »partielle Einkommensteuer«, wie die heutige Finanzwissenschaft sie nicht mit Unrecht bezeichnet, kommt in den mittelalterlichen Städten vor, ist aber keine häufige Erscheinung. Wir finden sie bei den sächsischen Türkensteuern von 1481: Dienstboten und Lohnarbeiter geben 2 % ihres Jahreslohns resp. ihres zu berechnenden Jahresverdienstes [1]. In Magdeburg wurde dieselbe Steuer erhoben [2], in Dresden im Jahre 1488 mit dem Satze von 5 % [3]. Bei der Vermögenssteuer von 1442 in Zürich mußte jeder Knecht einen Wochenlohn zahlen, die Mägde aber sollten von der Kommission taxiert werden, unter Berücksichtigung ihrer Lohnhöhe und

---

[1] Meißen, Richter S. 1; Leipzig, Quellen I, S. 68.

[2] Bielfeld S. 11.

[3] Richter S. 67.

der Qualität ihrer Kleidung[1]. In Basel zahlten 1451 unvermögende Dienstboten einen Wochenlohn[2]. In Hannover sollen Tagelöhner, kleine Handwerker, städtische Diener ohne Grundbesitz nach Lohn und Verdienst besteuert worden sein[3]. Endlich wird in Speyer eine Steuer vom Arbeitsverdienst der Handwerker gezahlt[4], aber im Rahmen einer eigenartigen Steuerordnung, die im übrigen mehr einer indirekten als einer direkten Steuer gleicht.

In dieser Steuerform, in der Heranziehung des Lohnes, offenbart sich am deutlichsten das Erwachen des Einkommensprinzips.

Lehrreich ist noch die Bestimmung der Naumburger Ordnung von 1305[5]: »Wer auch nicht hat 5 Mark, soll schossen nach seiner Nahrung«. Mit Nahrung ist hier zweifellos der Ertrag der Arbeit, das Einkommen, gemeint. Ein Vermögen unter 5 Mark erscheint dem Gesetzgeber zu gering, um es noch als Maßstab wirtschaftlicher Leistungsfähigkeit aufzufassen; deshalb kommt das Einkommen hier in Betracht. Das Charakteristische des Beispiels liegt nun darin, daß der Begriff der Besteuerung nach dem Einkommen sich schon hier hervordrängt, ohne daß man sich einer Inkonsequenz gegenüber dem konkreten Vermögensbegriff bewußt wird. Selbstverständlich ist hier nur an rohe Schätzung, nicht an eine partielle Einkommensteuer im modernsten Sinne zu denken.

Während nun in der Naumburger Ordnung über das Verhältnis der Höhe der Belastung von Vermögensbesitz und Einkommen nichts verraten wird, hat nach Christ[6] bei der Heidelberger Notbede von 1439 da, wo Kapitalbesitz fehlte,

[1] Neujahrsblatt S. 50/51.
[2] Schönberg S. 288.
[3] Ulrich S. 48.
[4] Bücher, Festschrift S. 142 u. 145.
[5] Gräser S. 201.
[6] Neues Archiv für die Geschichte der Stadt Heidelberg. IV, S. 212.

das Arbeitseinkommen einfach als Steuerkapital gedient. Wer nur etwa 20 Gulden Arbeitseinkommen hatte, versteuerte sie dann ebenso hoch wie wenn er nur 20 Gulden Vermögen besäße. Dieses Prinzip müßte von unserem heutigen Standpunkte betrachtet geradezu unerhört erscheinen; man muß sich freilich klar machen, daß es nur an der unteren Grenze der Vermögen und Einkommen praktische Bedeutung gewonnen hätte: Wer 20 Gulden Vermögen besaß, mußte doch daneben ein Arbeitseinkommen haben, so daß die relativ hohe Belastung des Vermögens nicht so sehr zur Geltung gekommen wäre. Aber über die wirkliche Existenz dieses Prinzips wissen wir gar nichts Sicheres. In der uns erhaltenen Steuerliste[1] fällt nur auf, daß in gewissen Fällen die Steuerkapitalien nicht angegeben sind, während als Steuerbetrag dann immer der geringste erscheint, nämlich 1 Gulden, ein Betrag, dem bei dem allgemeinen Satz dieser Steuer von 5% ein Steuerkapital von 20 Gulden entsprechen würde. Wenn nun Christ in solchen Fällen das Arbeitseinkommen anspricht, so ist diese Erklärung zwar sehr wahrscheinlich, aber der genannte Autor verrät uns nicht, was ihn zu der Annahme geführt hat, daß dann das Einkommen schlechthin als Steuerkapital betrachtet und mit dem Vermögen auf eine Stufe gestellt worden sei, ohne daß man einen Versuch gemacht hätte, wenigstens durch Schätzung dem Verhältnis zwischen der jährlichen Einkommensrente und dem Vermögensbesitz gerecht zu werden.

Endlich tritt das Einkommensprinzip auch hervor in dem Bamberger Wochengeld, das seit 1379 nachweisbar ist[2]. Auch hier wurde Arbeitseinkommen getroffen, aber das Wochengeld diente nicht nur zur Ergänzung einer Vermögenssteuer, sondern es ersetzte eine solche gleichzeitig. Es enthielt die verschiedensten Sätze für die verschiedenen Klassen, etwa in

---

[1] Neues Archiv für die Geschichte der Stadt Heidelberg. IV, S. 218ff.

[2] Mayer S. 157, 238.

folgender Abstufung: eine »arme Rockenspinnerin« wird mit 5 Pfennig belegt, ein Tagelöhner »so nichts aigens hat« mit 2 Pfennig, Zimmerleute, Steinmetzen und Dachdecker, »so keine aigene Heuser haben« mit 2 Pfennig, Handwerker »so aigene Heuser haben« mit 3 und 4 Pfennig usf. Dagegen werden »wohlbeguten Bürgere« mit 40, 42 Pfennig und höher belegt. Hier sind also gerade die Sätze für die untersten, hauptsächlich von Arbeit lebenden Klassen differenziert, während die großen Unterschiede des Besitzes (in den höheren Klassen) viel weniger berücksichtigt werden. Es zeigt sich also eine — gleichviel ob bewußte oder unbewußte — deutliche Berücksichtigung des Einkommens von seiten der Gesetzgebung, welche freilich im Lichte der sozialen Gerechtigkeit eher ungünstig erscheinen dürfte.

Die Einkommensteuer.

Wie weit das Mittelalter eine Einkommensteuer gekannt hat, diese Frage wird sich erst am Schluße unserer Untersuchungen über die deutschen Territorien und das Ausland beantworten lassen. Hier beschränken wir uns auf ihre Erörterung mit bezug auf die deutschen Städte des Mittelalters. Eine Einkommensteuer, die man schlechthin als solche bezeichnen könnte, haben wir nicht gefunden. Es ist wohl kaum von Interesse, die Stellen der steuer- und verfassungsgeschichtlichen Werke, in denen von einer »Einkommensteuer« in einer deutschen Stadt des Mittelalters die Rede ist, einzeln als irrtümlich zu kennzeichnen: die vorstehende, positive Darstellung der Steuersysteme liefert die Handhabe dazu. Auf die Frage aber, w a r u m es keine Einkommensteuer gab, können wir auch erst im Zusammenhang mit den Erörterungen über unser ganzes Gebiet eine definitive Antwort suchen. Hier möchte ich nur, dem Gedankengang in der Einführung in das Problem des Vermögenssteuerbegriffes folgend, darauf hinweisen, daß im deutschen Mittelalter weder das Arbeitseinkommen, noch das eigentliche mobile Kapital eine beherrschende Rolle gespielt haben, beides Faktoren, die für die Entwicklung des Einkommensgedankens und die Entstehung einer wirklichen Einkommensteuer wohl unentbehrlich sind.

Aber Anfänge, Ansätze, finden sich auch auf unserem Gebiet. Die Beispiele einer Besteuerung nach dem Maßstabe des Arbeitslohns, die man heute als partielle Einkommensteuern bezeichnet, sind zwar nicht allzu häufig, aber sie dürfen keineswegs übersehen werden. Zweifellos ist es auch, daß wir in vielen Fällen in den erörterten Kopfsteuern, wie in der umgekehrt progressiven Ausgestaltung einzelner Vermögenssteuern eine, wenn auch versteckte Heranziehung des Einkommens aus Arbeit zu sehen haben. Eine nicht zu unterschätzende Rolle spielt aber auch das Ertragsprinzip, das Prinzip der Besteuerung nach der jährlichen Rente, im Gegensatz zur Einschätzung nach dem Kapitalwert. In jenem Prinzip muß man von einem höheren Gesichtspunkte aus eine Tendenz der Entwicklung zur Einkommensteuer sehen, auch wenn die letztere erst auf Umwegen, vielfach nur mit Unterbrechungen und Sprüngen und zuweilen gar nicht erreicht wird. Jenes Ertragsprinzip aber fanden wir manchmal bei der Besteuerung von Immobilien und Renten in den Städten, und wir räumten ihm eine Stelle ein bei der Besteuerung nach dem Prinzip der festen Sätze. In der häufigen Erscheinung der »Satzdifferenzen«, der höheren Belastung des mobilen Kapitals im Vergleich zum immobilen, möchten wir dann bis zu einem gewissen Grade eine Berücksichtigung der verschiedenen Höhe des Ertrages sehen, wie wir in den »objektiven Befreiungen« zum Teil eine Rücksicht auf den fehlenden Ertrag sahen. Auch bei der Betrachtung der eigenartigen Modi einer Heranziehung des Handelskapitals und Gewinnes in München (1294) und Frankfurt im 15. Jahrhundert (vergl. S. 113) ist an den Versuch einer entsprechenden Belastung der Rentabilität des Handels zu denken, wie man immer im übrigen jene seltsamen Bestimmungen auslegen möge. Ich kann daher Hartwig durchaus nicht zustimmen, wenn er dem Mittelalter so gar keine Berücksichtigung der verschiedenen Rentabilität des Erwerbsvermögens zutraut (S. 43).

Freilich dürfen wir bei alledem nicht übersehen, daß von einer Heranziehung des beweglichen Kapitals nach dem Maßstabe des Ertrages noch nicht die Rede ist.

Wenn nun auch eine eigentliche Einkommensteuer nicht vorkommt, die Ansätze dazu, die Keime des Einkommensgedankens, sind wie ich zu zeigen versucht habe, zuweilen deutlich, häufiger aber versteckt wahrnehmbar.

Kolibri 360 GmbH
Ferdinand-Jühlke-Straße 7
99095 Erfurt, Deutschland
produktsicherheit@kolibri360.de

Druck:
CPI Druckdienstleistungen GmbH
im Auftrag der
Kolibri 360 GmbH
Ferdinand-Jühlke-Str. 7
99095 Erfurt